돈이 당신에게 말하는 것들

KASEGUCHIKARA 50 NO RULE by Naota Hamaguchi
Copyright ' 2012 Naota Hamaguchi
Korean translation copyright ' 2012 by BooksNUT Publishing.
All rights reserved.
Original Japanese language edition published by Diamond, Inc.
Korean translation rights arranged with Diamond, Inc.
through Eric Yang Agency, Inc.

이 책의 한국어판 저작권은 에릭양에이전시를 통한
저작권자와의 독점 계약으로 북스넛에 있습니다.
저작권법에 의해 보호받는 저작물이므로 무단 전재와 복제를 금합니다.

서평 이외의 목적으로 이 책의 내용이나 개념을 인용할 경우,
반드시 출판사와 저자의 서면동의를 얻어야 합니다.
서면동의 없는 인용은 저작권법에 저촉됩니다.

돈이 당신에게 말하는 것들

하마구치 나오타 지음 | 오시연 옮김

북스넛
Booksnut

옮긴이 / 오시연

동국대학교 회계학과를 졸업했으며, 일본 외어전문학교 일한통역과를 수료했다. 현재 엔터스코리아 출판기획 및 일본어 전문 번역가로 활동 중이다. 주요 역서로는 『생각만 하는 사람 생각을 실현하는 사람』, 『겁쟁이를 위한 주식 투자』, 『현금경영으로 일어서라』, 『거짓 숫자에 속지마라』, 『부자 삼성 가난한 한국』, 『simple 회계 공부법』, 『만만한 회계학』, 『쉽게 이해하는 IFRS』, 『세상에서 제일 쉬운 회계수업』, 『퇴근시간이 빨라지는 비즈니스 통계입문』, 『드러커 사고법』등이 있다.

돈이 당신에게 말하는 것들

1판 1쇄 발행 ┃ 2012년 11월 27일
1판 2쇄 발행 ┃ 2020년 4월 10일

지은이 ┃ 하마구치 나오타
옮긴이 ┃ 오시연
발행인 ┃ 이현숙
발행처 ┃ 북스넛
등 록 ┃ 제410-2016-000065호
주 소 ┃ 경기도 고양시 일산동구 호수로 662 삼성라끄빌 442호
전 화 ┃ 02-325-2505
팩 스 ┃ 02-325-2506
이메일 ┃ booksnut1@naver.com

ISBN 978-89-91186-78-1 03320

프롤로그

이기적인 셈법을 버려라

돈이 없는 사람들은, 돈으로 대신할 수 없는 가치 있는 일들이 세상에 많다고 말한다. 그런데 돈이 많은 사람들은, 돈으로 불가능한 일은 세상에 거의 없다고 말한다. 이런 생각의 차이는 어디에서 오는 것일까?

프라이스워터하우스쿠퍼스에서 컨설턴트로 일하던 시절, 사석에서 가장 많이 받은 질문은 그것이다.

"어떻게 하면 돈을 많이 벌 수 있나요?"

내가 부자 기업들의 컨설팅을 하고 있으니, 나에게 물어보면 부자의 비법을 알고 있을 것으로 생각했기 때문일 것이다. 그러나 이런 질문에는 나도 명쾌한 대답을 줄 수가 없었다.

왜냐하면, 돈을 많이 번 부자들을 수없이 만나 이야기를 나누었지만, 그들이 돈을 버는 과정을 직접 목격하지는 않았기 때문이다.

나는 20년간은 미국에서, 그리고 10년간은 일본에서 글로벌 기업 컨설팅에 종사해왔다. 컨설턴트로서 미국에서 처음 일을 시작했고, 그 후 독립해 컨설팅 기업을 만들었으며, 일본으로 돌아와 지금까지 컨설팅에 종사하고 있다.

컨설턴트로 일하면서 그간 내가 만난 사람들 중에는 기억할 만한 가르침을 준 대부호가 몇몇 있었다. 월마트의 샘 월튼, 델 컴퓨터의 마이클 델, 클럽 코퍼 인터내셔널의 로버트 데드먼, 트러멜 클로의 트러멜 클로, 혼다의 혼다 소이치로, 마쓰시타(현 파나소닉) 그룹의 마쓰시타 고노스케 등이 그들이다.

이들은 자신의 대에 쌓은 부를 세월이 흘러도 거의 변함없이 유지했다는 특징을 지니고 있다. 수많은 부자들이 세상에 나타나고 사라지는 사이에, 운 좋게도 이들은 여전히 부자의 자리에서 부를 누리며 노년을 즐기거나 혹은 부자인 채로 생을 마감했다.

그들은 나를 만나면 자신들이 부를 일군 과정과 그 부를 분배하고 소비해온 과정을 들려주곤 했는데, 마치 돈을 살아 움직이는 생물처럼 이야기했다. 가끔 나는 돈 버는 방법을 캐물었지만, 그들이 더 중요하게 생각하는 것은 방법이 아니라 가치관인 듯했다.

그 이야기들은 부를 일구는 과정에서 그들이 지키고 노력했던 자신만의 소명과 철학 같은 것들이었다. 돈을 대하는 마음(혹은 철학)은 중요하되, 방법은 각자 다를 수밖에 없다는 것이 그들의 생각이었다. 돈에 대한 마음(철학)만 확고하다면, 돈을 벌지 못할 이유도, 돈 때문에 문제를 일으킬 일도 없다는 것이 그들의 가치관이었다.

나 역시 그들의 태도에 공감한다.

돈은 순간에 벌릴 수도 있으며, 순간에 사라질 수도 있다. 큰돈을 한 번도 만져보지 못하고 생을 마감하는 사람도 있으며, 평생 큰돈만 만지다 세상과 결별하는 사람도 있다. 그 차이가 돈을 대하는 마음의 차이라는 생각이 대부호들을 만날수록 더 강해지곤 했다.

대부호들은 어쩌면 그러한 돈의 음성을 듣는 사람들인지도 모른다.

그들이 보기에 돈이 말을 한다면 아마도 이럴 것 같다.

"내가 당신에게 오래 머물 수 있도록 나를 선량하고 긍정적으로 대해 달라."라고 말이다.

존경받는 대부호들이야말로 머물고자 하는 돈을 낭비로 내쫓지 않으며, 머물고 싶어 하지 않는 돈을 억지로 붙잡아두어 물의를 일으키지 않는 사람들이다.

그들을 만나다 보니 나도 어느새 그들의 가치관에 물들고 있음이 느껴졌다.

"번 만큼 사람과 사회에 공헌하라."거나 "속이느니 속는 게 낫다."는 가치관은 때론 버겁게 느껴지곤 했지만, 그 조언들 역시 세상의 이치를 찌르는 말들임에는 분명하다.

그런 영향 때문이었는지 나는 미국에서 번 돈을 일본에 귀국할 당시 모두 미국 사회에 기부했다. 일본에 돌아갈 여비를 제외한 자산을 합해보니 약 150억 달러에 달했다. 일본에서 다시 출발선에 서겠다는 나 자신과의 다짐도 있었지만, 무엇보다 그동안 나를 키워준 미국사회에 대한 고마움과 대부호들에게 감염된 가치관 때문이기도 했다. 그 후 일본으로 돌아와 시작한

컨설팅만으로도 자산은 순식간에 불어났다. 내가 세운 일본 기업의 현재 자산은 약 18억 달러 정도다.

이 책은 세계적인 기업가들과 대부호들, 그들에게 영향 받은 나 자신의 돈에 대한 가치관이자 당신에게 꼭 말해주고 싶은 인생관들이다. 이것은 돈의 목소리다. 당신에게 돈이 더 가까이 다가오게 하고 더 오래 머물도록 만드는, 당신에게 들려주는 지혜로운 목소리 말이다.

어느 나라에서 태어났든, 어떤 일을 하며 살고 있든, 지금 사람들의 마음은 돈에 쏠려 있다. 돈이 자신을 자유롭고 행복하게 해줄 거라고 여기기 때문인 것 같다.

돈이 당신에게 더 모이고 더 원활하게 순환하기 위해서는, 당신이 먼저 돈의 본질을 받아들이고, 긍정적으로 사랑하고, 선량하게 다룰 수 있어야 한다.

그랬을 때, 세상에는 돈 말고도 위대한 가치관이 많이 있다는 돈 없는 사람의 자조가 아닌, 돈을 충분히 갖고도 선량한 가치관을 지닌 오래 가는 부자가 될 수 있을 것이다.

저자 하마구치 나오타

차례

프롤로그 … 5

하나	사람에게 감사하라	… 14
둘	머니 게임을 멈춰라	… 19
셋	사귀고 싶은 사람이 되라	… 24
넷	남을 위해 돈을 써라	… 29
다섯	현금의 힘을 알아라	… 34
여섯	돈을 낳지 않는 곳에는 돈을 쓰지 마라	… 39
일곱	작은 돈을 쉽게 여기지 마라	… 44
여덟	좋은 사람을 만나라	… 49
아홉	신용을 신처럼 모셔라	… 54
열	편한 길을 가지 마라	… 59

열하나	수익이 날 때 조심하라	⋯ 63
열둘	올바르게 벌겠다고 다짐하라	⋯ 68
열셋	돈과 애인은 구속하지 마라	⋯ 73
열넷	신념에 어긋난 돈은 거절하라	⋯ 77
열다섯	헝그리 정신을 배워라	⋯ 81
열여섯	유대인처럼 살아라	⋯ 86
열일곱	깊고 간절하게 원하라	⋯ 91
열여덟	따르고 싶은 인격을 길러라	⋯ 95
열아홉	주고 또 주어라	⋯ 100
스물	마음을 넉넉하게 써라	⋯ 104
스물하나	가까이에서 지혜를 빌려라	⋯ 106
스물둘	돈 관계가 깨끗한 사람만 거래하라	⋯ 109
스물셋	속이느니 속아라	⋯ 112
스물넷	긍정적인 경계심을 유지하라	⋯ 117
스물다섯	머리가 아니라 가슴으로 판단하라	⋯ 121

스물여섯	포기하려면 시작하지 마라	⋯ 126
스물일곱	인맥을 늘려라	⋯ 132
스물여덟	집착은 버리고 집념은 키워라	⋯ 136
스물아홉	'고마움'을 모아라	⋯ 141
서른	목적으로 생존하라	⋯ 145
서른하나	단기투자의 함정을 피하라	⋯ 149
서른둘	미련할 정도로 우직하라	⋯ 154
서른셋	모방으로 시작해 창조로 마무리하라	⋯ 159
서른넷	힘들면 웃어라	⋯ 163
서른다섯	0에서 시작하라	⋯ 167
서른여섯	겸허하고 용감하라	⋯ 171
서른일곱	하나만 하라	⋯ 174
서른여덟	이기심을 파괴하라	⋯ 179
서른아홉	아무도 가지 않은 길을 가라	⋯ 184
마흔	더 배우고 더 겸손하라	⋯ 188

마흔하나	나이 들기 전에 고생하라	⋯ 191
마흔둘	지금의 자리에서 꽃을 피워라	⋯ 193
마흔셋	남의 눈으로 자신을 읽어라	⋯ 197
마흔넷	당당하게 선언하라	⋯ 200
마흔다섯	마음을 사라	⋯ 203
마흔여섯	달인이 되라	⋯ 205
마흔일곱	인생의 목적을 잊지 마라	⋯ 208
마흔여덟	임종의 순간처럼 오늘을 살아라	⋯ 212
마흔아홉	투자하려면 사람을 보라	⋯ 216
쉰	실적으로 평가하라	⋯ 221

에필로그 ⋯ 226

돈 이. 당 신 에 게. 말 하 는. 것 들

: 하나

사람에게 감사하라

돈 때문에 고생하는 사람이 세상에는 수두룩하다. 사실 돈이 아쉬운 건 누구나 마찬가지다. 이렇게 말하는 나 역시 돈 문제로 얼마나 고생을 했는지 모른다.

그런데 참 신기하게도 나의 경우, 매번 돈이 다 떨어지기 전에 반드시 다시 돈이 들어올 거리가 생겼다. 그것도 완전히 바닥이 나기 직전에 말이다.

그런 일은 한두 번이 아니었기 때문에 처음에는 누가 나를 시

힘이라도 하고 있는 게 아닌지 의심스러울 정도였다. 엄청난 낙천주의자인 나를, 차마 그냥 내버려두지 못한 사람들이 도와주었을 뿐인지도 모르지만 말이다.

이런 상황을 가리켜 옛사람들은 재미있는 말을 했다.

'돈은 돌고 도는 것이다.'

내가 지금까지 살아온 경험에 비추면 이 말은 사실이다. 아니 진리다.

나는 이러한 진실에서 한 가지 공통점을 발견했는데 바로 '내가 번 돈은 '감사의 합'이라는 사실이다.

다시 말해 고객, 직원, 거래처, 주주 같은 내 주위 사람들에게 진심으로 감사할수록 돈이 모인다는 의미다.

그런데 왜 사람들에게 감사하면 돈이 모이는 걸까?

바로 돈은 감사의 대가이기 때문이다. 누가 나한테 감사하다는데 기분 나쁜 사람이 있을까? 대부분은 기쁜 마음이 들 것이다. 그러면 '그 사람한테 이런 걸 해줘야겠다.', '그 사람의 힘이 되어줘야겠다.'는 마음이 들기 마련이다.

고마움을 느낀 사람은 그렇게 당신을 위해 늘 어떤 일을 해주고 싶어 하며, 그것이 돈이라는 모습으로 나타난다. 결국 돈이 여기저기서 들어오는 것이다.

말도 안 되는 소리 같다면 직접 시험해보라.

다만 돈! 돈! 하는 마음으로 억지로 감사하지는 말아야 한다. 진심으로 감사하지 않으면 돈은 결코 당신에게 오지 않는다. 어떤 의도를 품은 감사는 얼마 못가 당신의 말과 행동을 통해 상대에게 낱낱이 전달되기 때문이다.

혹시 지금 돈이 궁한가? 그렇다면 사람들에게 아낌없이 감사의 마음을 전달해보라. 일단 속는 셈 치고 해보라. 이 방법은 오늘 감사하면 내일 바로 결과가 나오는 즉효약은 아니다. 하지만 꾸준히 실천해보면 반드시 성과가 나타난다는 것을 실감할 것이다.

1년 이상 철저하게 실천하면 성과는 보장할 수 있다.

내가 지금껏 살아오면서 겪은 엄연한 법칙이 바로 이것이다.

오랫동안 돈을 버는 힘 = 오랫동안 감사가 쌓인 결과

여기서 '오랫동안'은 반년에서 1년 이상을 말한다.

어떤 이는 이렇게 반응할 것이다.

"그렇게 오래 걸려요? 그때까지 어떻게 기다리라고?"

그러나 반년이나 1년이란 시간은 의외로 눈 깜짝할 새에 지나간다.

한 번 돌이켜보자. 1년 전보다 지금 당신의 경제적인 형편이 얼마나 나아졌는가? 별반 달라지지 않은 사람들이 거의 대부분이다. 그렇다면 이제부터라도 유치하다고 치부하지 말고 감사하는 일을 시작해보라.

내게는 제프 스미스라는 미국인 친구가 있다. 그는 거의 무일푼인 상태에서 감사 프로젝트(?)에 착수했다. 그리곤 3년 후, 거짓말 같지만 그의 자산은 약 9억 달러(한화 약 1조 원)로 불어났다. 그는 감사의 힘을 백퍼센트 신뢰하고 회사 경영에 그대로 실천한 몇 안 되는 사람이다. 그것도 아주 철저하게.

좀 더 자세히 이야기하자면 그는 자신이 설립한 회사를 성장시켜 매각하는 방법을 취했다. 우수한 직원들이 그의 감사하는 마음에 보답하고자 혼신을 다해 일해주었기에 가능한 일이었다.

솔직히 말해서 나도 깜짝 놀랐다. 그렇게까지 대단한 결과가 나올 줄은 상상도 못했으니까.

우습게 여기지 말고 당신도 부디 실행해보길 바란다. 일상생활에서든 직장생활에서든 꾸준히 실행해보라. 얼마 후, 당신은 내게 진심으로 감사할지도 모른다.

돈 이. 당 신 에 게. 말 하 는. 것 들
: 둘

머니 게임을 멈춰라

'머니 게임money game'이라는 말을 아는가?

머니 게임이란 일을 해서 돈을 버는 대신, 돈을 굴려 차익을 얻는 것을 말한다.

원래 머니 게임의 발상지는 미국이다.

나는 미국에서 20년 생활하면서, 머니 게임으로 돈을 번 사람들이 예외 없이 비참한 말로를 맞이하는 모습을 자주 목격할 수 있었다. 대체 왜 그런 것일까?

아마도 '인과의 법칙'이 작용하기 때문이 아닌가 싶다. 쉽게 번 돈은 쉽게 흘러나간다는 인과의 법칙 말이다. 그런데 그때는 돈만 흘러나가는 것이 아니라 '신뢰'도 함께 흘러나간다.

본래 머니 게임은 돈을 우습게 여기는 행위다. 쉽게 들어온 돈은 별로 고맙게 느껴지지 않으므로 우습게 여겨 이내 쉽게 써버리게 된다.

그러니 운 좋게 큰돈을 벌었다면, 운이 쉽게 떠나지 않도록 조심을 해야 한다. 그 돈은 세상을 위해, 남을 위해 쓰는 쪽이 돈과 신뢰를 흘러나가지 않도록 막아준다. 그러면 좋은 운은 다시 이쪽으로 유턴을 한다. 그러나 그 반대로 행동을 하면 결과는 상상 외로 참담할 수 있다.

일본에도 이에 관한 유명한 사례가 있다. 인터넷 신흥기업인 라이브도어의 호리에 다카후미 전前 사장과 일본 펀드업계에서 '신의 손'으로 불렸던 무라카미펀드의 무라카미 요시아키 전前 대표는 머니 게임에 빠져 일시적으로 막대한 이익을 거두었지만 결국 부정행위로 체포되었다.

일전에 호리에 다카후미는 "돈으로 살 수 없는 것은 아무것도 없다."고 호언장담한 바가 있다. 그 말을 들었을 때 나는 인과의 관계의 법칙에 따라 그에게 좋지 않은 일이 찾아오지 않을까 걱정스러웠다.

무라카미 대표도 마찬가지다. 그는 대주주라는 자신의 지위를 이용해 회사 관계자들을 혼란에 빠뜨리고 고통스럽게 했다. 때로는 직원들을 희생시켜 돈벌이를 하기도 했다. 그러니 엄청난 반대급부가 따른 것은 어찌 보면 필연인지도 모른다.

결국 내부거래라는 불법행위가 발각되어 그는 업계에서 추방당했다.

호리에 사장도 자신의 이익을 위해 분식회계를 자행하고, 주주를 비롯한 여러 관계자들을 기만했다. 그 결과 그는 재판에서 징역 2년 6개월의 실형을 선고받고 복역했다.

왜 머니 게임에 빠진 사람들이 이렇게 종국에는 불행해지는 것일까?

돈을 가벼이 여기고 함부로 대하기 때문이다. 돈은 사람과 같아서 소중히 여길수록 가까이 다가온다. 반대로 가벼이 여기고 함부로 대하면 돈은 점점 멀어진다. 더 정확히 말하면 돈을 잃게끔 일이 돌아간다. 그러니 돈을 모으고 싶다면 먼저 돈에 경의를 표하고 소중히 여겨야 한다. 이것은 바꿔 말하면 열심히 일해서 돈을 벌어야 한다는 의미다.

돈을 이리저리 굴려 한순간에 큰돈을 얻는 것과는 정반대의 개념이다. 뭐든지 쉬우면, 가치를 느끼기 어려운 법이다.

고생하며 돈을 벌면 돈의 고마움이 절절히 와닿는다. 돈의 가치를 깨닫게 되면 쉽게 돈을 벌더라도 머니 게임 따위에 낭비할 가능성은 훨씬 줄어든다. 돈을 쉽게 여기는 태도에 모순을 느끼기 때문이다. 현명한 사람이라면 머니 게임으로 얻은 돈은 결국 머니 게임으로 잃게 된다는 이치를 알고 있다.

이 책을 읽는 지금도 "돈 벌기가 왜 이리 힘드냐?"고 한탄하는 사람들이 있다. 하지만 그것은 당연한 일이며, 쉽게 돈을 버는 방법은 없다는 사실부터 기억해야 할 것이다.

그렇다면 머니 게임 외에 어떻게 하면 다른 방식으로 돈을 벌 수 있을까?

결국 땀 흘려 일하는 방법을 생각해보아야 한다. 한 가지 일에 철저하게 몰두해야 한다.

사업에 성공하여 대부호가 된 사람들을 떠올려보라. 빌 게이츠는 소프트웨어를 제조하고 판매했다. 스티브 잡스와 마이클 델은 컴퓨터 제조와 판매를 했다. 워렌 버핏은 대기업에 장기 투자를 했다. 그들이 그 한 가지 일을 얼마나 오랫동안 지속했을까? 그들은 모두 30십 년 이상 한 우물만 팠다. 초창기부터 초지일관 말이다.

이렇게 세계적인 기업가로 성공한 인물을 예로 들면 '나와는 차원이 달라 참고가 되지 않는다.'고 생각할 수 있다. 하지만 내막을 들여다보면 우리는 고개를 끄덕일 수밖에 없다.

그들의 시작은 오늘날의 우리는 상상할 수도 없을 만큼 보잘것없는 것들이었다. 그 보잘것없는 일에서 그들은 성공을 맛보고 꿈을 키웠다. 그 작은 성공들을 차곡차곡 쌓아 결과적으로 거대한 부를 거머쥐게 된 것이다.

이는 법칙일 뿐 아니라 보편적인 진리다. 당신이 회사 직원이든 투자가든 또는 경영자든, 이 법칙은 똑같이 적용된다. 처음부터 수완 좋게 한 방을 노리지 말고, 작은 성공을 차곡차곡 쌓는 것을 목표로 삼아보라. 그 작은 성공들이 어쩌면 당신을 다음 세대의 빌 게이츠로 만들지 아무도 장담할 수 없는 일이다.

돈 이 . 당 신 에 게 . 말 하 는 . 것 들
: 셋

사귀고 싶은 사람이 되라

돈을 지속적으로 벌려면 계획과 효율이 필요하다.

"일은 절대로 계획대로 되지 않는다. 잠시 그렇게 된다 해도 어쩌다 그런 것일 뿐, 오래가지 않는다."

30년 넘게 일본과 미국, 아시아에서 비즈니스를 하며 얻은 결론은 그것이다. 그런데 강연에서 이렇게 말하면 반드시 다음과 같은 질문을 던지는 사람이 있다.

"그럼 계획을 세우는 의미가 없지 않습니까?"

그런데 그렇지가 않다.

계획을 세우지 않으면 일은 더 좋지 않은 방향으로 굴러간다. 계획이 존재하기에 그대로 실행하려고 노력해서 목표치에 근접한 결과물을 얻는 것이다.

사실 계획이란 절대로 그대로 실현되지 않는 법이지만, 목표치와 비슷한 결과가 나오는 것만으로도 그 의미는 충분하다. 그로써 계획을 세운 목적을 달성하기 때문이다.

또 일이 계획대로 진행되지 않을 때는 원인을 분석해서 현실적인 방향으로 계획을 수정할 수도 있다.

그래서 사전에 계획을 세우는 일은 아주 중요하다. 계획이 없으면 목표에 근접한 결과를 내려고 노력하는 것 자체가 불가능해진다. 그리고 계획대로 되지 않았을 경우에 계획을 수정하고 현실화하는 방안을 모색할 수도 없다. 당연히 치밀한 계획을 세웠을 때와 그렇지 않았을 때의 결과는 차이가 난다.

이는 비즈니스 분야에서 특히 두드러진다. 이해관계자들이 계획을 의식하고 비슷한 결과를 내기 위해 노력하기 때문이다. 우리는 이것을 '매니지먼트'라고 부른다.

하지만 계획이라는 구체적인 형태, 즉 수치화된 목표가 없으면 그런 노력을 하고 싶어도 할 수가 없다.

그러니 돈을 벌려고 결심했다면 먼저 계획을 세워라. 그리고 그 계획을 바탕으로 거침없이 실행에 옮겨라. 그럼으로써 계획과 결과를 어떻게 일치시킬지 고민하고 아이디어를 짜기 위해 노력하게 된다.

어떤 경우에는 부단히 노력했음에도 계획과는 한참 동떨어진 형편없는 결과를 내서 또 다른 갈등과 고민에 빠지기도 한다. 세상과 비즈니스의 험난함에 맞닥뜨리고 한동안 넋을 잃기도 한다. 하지만 좌절을 견디고 뛰어넘을 열정이 없는 사람이라면, 좌절이 없어도 성공할 수 없는 사람이다.

그러니 앞으로 어떻게 하면 성과를 낼 수 있을지 자신만의 방법으로 계획을 세워라. 그것이 장기적으로 커다란 성과를 올리는 방법이다.

그런데 계획대로 돈이 벌리지 않을 때는 무엇이 원인일까? 사실 그럴 때가 더 많지만, 그런 사람의 경우 인간적인 매력이 누락되어 있을 때가 많다.

계획이 중요한 이유는, 계획을 세우는 과정이 사람을 단련시키고 인간적으로 성숙하게 만드는 기회가 되기 때문이다. 계획의 위력은 여러 곳에서 목격된다.

계획을 세우고 어떤 일에 도전했는데 예상치도 못한 나쁜 결과가 나올 때야말로 계획을 세운 이의 진가가 드러나는 순간이다. 역경을 맞아 성장하는 사람과 그렇지 않은 사람 간의 격차가 바로 그 지점에서 도출된다.

현대인간과학연구소의 토비오카 소장은 "돈을 버는 것은 경제학에 속하고, 돈을 쓰는 것은 미학美學에 속한다."고 말한 적이 있다.

돈을 버는 것이 경제학에 속한다는 말은 비단 돈을 버는 노하우만을 의미하지 않는다. 거기에는 돈을 벌기 위해 얼마나 인간적인 매력을 발휘할 수 있는가 하는 인간학人間學이 포함되어 있다.

인간학이 없으면 일시적으로 돈을 벌 수 있을지는 몰라도 지속적으로 벌지는 못한다.

고객과 당신을 지지해주는 사람들이 하나둘 당신 곁을 떠나갈 것이기 때문이다. 그러면 더 이상 돈을 벌 수 없게 된다. 인간은 혼자서는 아무것도 할 수 없는 존재다.

결국 계획대로 돈이 벌리지 않는 가장 큰 이유는 인간적인 매력이 결여되었기 때문이다.

나는 '돈을 버는 것은 인간학에 속하며 이는 곧 인간력'이라고 주장한다.

실제로 돈을 잘 버는 사람, 다시 말해 '돈 버는 힘'이 있는 사람은 인간적인 매력을 갖춘 사람, 즉 사귀고 싶은 사람이다.

당신 역시 계획대로 돈을 벌려면 사람들의 응원과 도움은 필수적이다. 좀 더 많은 사람들의 응원과 도움을 원한다면, 그만큼 인간적인 매력은 당신이 갖추어야 할 필수 요소가 된다.

돈 이. 당 신 에 게. 말 하 는. 것 들

: 넷

남을 위해 돈을 써라

사람을 평가하는 기준으로 꽤 쓸 만한 것이 하나 있다. 바로 그 사람이 돈을 쓰는 방식이다. 이때 핵심은 그 사람이 깨끗하고 가치 있게 돈을 쓰는지 확인하는 일이다. '가치'라고 하면 보통 비용 대비 효과 등, 들어간 돈에 비해 기대되는 성과를 생각하기 쉬운데 여기서는 그렇지 않다.

다른 사람을 기쁘게 하기 위해 얼마나 많은 돈을 쓰는지, 다른 사람에게 도움이 되도록 돈을 쓰는지를 의미한다. 즉 돈을 쓰는 것의 '미학'을 가리킨다.

미국 생활을 마치고 일본으로 귀국하니 새삼 느껴지는 점이 있었다. 일본인은 서양 사람에 비해 어느 정도 돈을 벌거나 저축하는 것은 잘하지만, 돈을 제대로 쓸 줄은 모른다는 것이다. 오로지 자신을 위해서만 돈을 쓰는 사람이 그렇지 않은 사람보다 훨씬 많다.

그런데 자신을 위해서만 돈을 쓰다 보면 인생의 함정에 걸려들기가 쉽다. 사람이 천박해지기 때문이다. 그러면 주위 사람들은 그를 경멸하며 하나둘 떠나간다. 아무리 돈이 많아도 마찬가지다. 혹 그 사람 곁에 남아 있는 사람이 있다 해도 그것은 그저 이용가치가 있기 때문이다. 다시 말해 그 사람의 돈이 탐나는 것이다.

하지만 세상을 위해, 다른 사람을 위해 아름답게 돈을 쓸 줄 아는 사람에게는 인과의 법칙에 따라 좋은 결과가 찾아온다. 액수는 상관없다. 겪어보지 못한 사람은 내 말에 고개를 갸웃거릴 수도 있다.

그러나 한 번 그런 일을 경험하면 남을 위해 돈을 쓰는 행위의 위력을 실감하게 된다.

나는 미국에서 몇몇 대부호들의 고문을 맡았었는데 그때 이 사실을 확실하게 이해할 수 있었다.

아름답게 돈을 쓰는 그들의 모습을 보고 나니, 어떻게 그들이 대부호가 될 수 있었는지, 어째서 대부호가 되고 나서도 돈이 증가하는지 의문이 깨끗하게 풀렸다.

거기에는 항상 감사의 마음이 어려 있었다. "단돈 몇 달러라도 돈이 생기면 감사하다. 그 돈을 쓸 수 있어서 감사하다."는 정신이 깃들어 있었다.

그들이 돈을 쓰는 모습은 참으로 멋지고 감동적이었다.

세계 최대의 투자회사인 버크셔 헤서웨이의 CEO이자 세계적인 대부호 워렌 버핏은 "주식회사의 이익은 주주의 것이며, 경영자가 기부를 할 때는 개인적으로 해야 한다."고 강조한다.

그 주장에 따라 버크셔 헤서웨이는 기업 차원에서 기부할 때는 주주가 자신이 보유한 주식 수에 비례해 기부처를 결정하는 방식의 자선사업을 1981년부터 시행하고 있다. 그래서 상반된 주장을 펼치는 두 단체에 모두 기부를 하는 일도 벌어진다.

워렌 버핏의 재산은 99%가 회사 주식이며, 그의 사후에는 자선

사업이 주된 목적인 수잔 톰슨 버핏 재단에 기부될 예정이다.
2004년에 먼저 세상을 뜬 부인 명의의 26억 달러 상당의 토지도 재단에 기부되었다. 2006년 6월에 버핏은 전체 자산의 85%에 이르는 374억 달러를 5개 자선재단에 순차적으로 기부하겠다고 발표했다. 버크셔 헤서웨이의 클래스 B 주식을 매년 기부잔액의 5%씩 지급하는 방식이다. 그 중 310억 달러는 마이크로소프트의 창업자인 빌 게이츠가 운영하는 빌&멜린다 게이츠 재단에 배당되었다.

서민의 금전감각으로는 그 천문학적 액수에 압도당할 지경이다. 그만큼 그의 돈 쓰는 방식은 지나치게 아름답다.

24시간 뉴스 방송으로 잘 알려진 세계 최초의 뉴스 전문 방송국 CNN을 설립한 테드 터너 회장은 국제연합UN에 10억 달러 이상을 기부한 것으로 유명하다. 평범한 사람으로서는 이해하기 쉽지 않은 일이다. 그러나 그 일은 실업가로서 그의 위상을 한층 높여주었고, 미디어 재벌인 타임워너의 합병을 성사시켜 결과적으로 더 많은 부를 축적하게 만들었다.

미국에 본사를 두고 세계 곳곳에 골프장과 리조트 호텔 클럽, 피트니스 센터를 보유한 세계 최대의 스포츠클럽 운영기업인 클럽 코퍼 인터내셔널을 설립한 로버트 데드먼 역시 창업 후부터 죽을 때까지 병원과 대학 등에 매년 기부를 했다. 그 돈을 다 합치면 13억 달러를 훌쩍 넘는다.

이렇게 사회 공헌으로 높은 평가를 받은 그에게는 세계 각국에서 다양한 우량 물건物件이 들어왔다. 그는 생전에 좋은 조건으로 회사를 경영하거나 매수할 때마다 고문을 담당했던 내게 진심 어린 어조로 이렇게 말했다.

"정말 고마운 일이지 뭔가."

돈 이. 당 신 에 게. 말 하 는. 것 들

: 다섯

현금의 힘을 알아라

'떡 줄 사람은 생각도 안 하는데 김칫국부터 마시는' 사람이 있다. 들어올지 안 들어올지 확실하지도 않은 돈을 생각하며 꿈에 부풀어 있는 이들이다. 그러나 그런 계산을 하며 혼자 좋아한들 아무런 의미도 없다.

돈은 나의 손 안에 들어와야 '실제로 쓸 수 있는 돈'이 되고, 그때 비로소 힘을 발휘한다. 들어오지도 않은 돈을 머릿속으로 세어보며 쓸 궁리를 해봤자 아무 소용없는 짓이다.

회사도 마찬가지다. 아무리 매출을 올린들 그 매출이 현금으로 회수되지 않으면 조만간 부도가 난다. 이른바 '흑자도산'이다. 수익을 낸다는 것은 돈, 엄밀히 말해 현금cash을 얻는 일이다.

그런데 경영자 중에는 그렇게 간단한 상식조차 모르는 사람이 참으로 많다. 좀 더 정확히 말하자면 머리로는 알고 있어도 행동에 반영되지 않는다.

현금이란 수중에 있는 돈과, 은행 같은 금융기관에 맡겨두고 언제든지 필요할 때 바로 꺼내 쓸 수 있는 돈을 가리킨다. 따라서 돈이 있다 해도 필요할 때 즉각 쓸 수 없는 돈이라면 엄밀히 말해 그것은 현금이 아니다.

현금은 교섭이나 거래에서 특히 위력을 발휘한다. 일반적으로 물건을 살 때 현금을 내밀면 '현금할인'을 해줘서 신용카드나 수표로 사는 것보다 훨씬 싸게 구매할 수 있다.

또, 조금 전까지 붉으락푸르락 화를 내던 사람에게 현금을 내밀면 상대가 갑자기 만면에 미소를 띠며 협조적으로 나오기도 한다. 이 사람이 방금 화를 냈던 그 사람이 맞나 헷갈릴 정도다. 그만큼 사람은 현금에 높은 가치를 부여한다.

일본어로 '겐킨나 히토現金な人'라는 말이 있다. 눈앞의 이해득

실에 따라 손바닥 뒤집듯이 태도가 바뀌는 타산적인 사람을 가리키는 말이다. 여기서 겐킨은 현금이란 뜻인데 이렇게 '이익'을 '현금'이라는 말로 대체해서 사용할 만큼 현금의 경제적인 가치는 아주 높다. 사람은 현금 때문에 울고 현금 때문에 안도의 미소를 짓는다. 현금은 그만큼 강렬하고 무서운 존재다.

때때로 사람들은 현금을 얻기 위해 타인을 기만하거나 법을 어기기도 한다. 현금을 탐하는 마음이 그렇게 행동하도록 부추기는 것이다. 신문이나 TV 뉴스에는 결혼사기나 보험사기에 얽힌 살인사건이 종종 보도된다. 그 사건들은 돈, 정확히는 현금을 원해서 벌인 짓들이다.

그런데 아무리 현금을 획득해도 올바른 방법으로 얻은 게 아니면 머지않아 다시 사라져버리니 참으로 신기할 따름이다. 물론 '인과의 법칙'에 비추어보면 지극히 당연한 이치지만 말이다. 그러니 쉽게 벌려 하지 말고 노력해서 올바른 방법으로 현금을 버는 것을 목표로 삼아야 한다.

그러면 어떻게 해야 현금을 손에 넣을 수 있을까?
여기서 중요한 것이 바로 '하루 벌이'의 발상이다. 대규모 거래나 사업도 처음에는 대부분 푼돈 규모에서 시작한다. 처음에는 돈이 없으니 당연히 선행투자도 할 수가 없다. 장사를 하고 싶다면 일단 하루 벌이로 연명하는 수밖에 없다.

이때 현금을 얻는 지름길은 가격을 낮추어 현금 구매력을 높이거나, 현금을 지불하고 사는 사람에게 혜택을 부여하는 것이다.

나의 하루 벌이는 강의다. 내 강의는 다른 곳과 비교하면 얼핏 비싸 보인다. 가장 자주 하는 강의가 2시간짜리인데 수강료는 5만 엔(한화 약 70만 원)쯤 한다. 반면 다른 곳의 수강료는 만 엔이면 충분하니 대부분의 사람들이 너무 비싸다고 생각하는 것도 무리가 아니다. 하지만 일단 강의를 들은 사람들에게 설문조사를 해보면 하나같이 "전혀 비싸지 않다."고 대답한다. 그 이유가 뭘까?

실제로 그들은 강의를 들은 후 설문조사 용지에 "아무리 애써도 의욕이 나지 않았는데 오늘 이 강의를 듣고 잔잔히 열정이 솟구쳤다.", "무슨 일이 있어도 절대로 꿈을 포기하지 않고, 이루어질 때까지 계속하겠다는 결심이 섰다.", "인생이 완전히 바뀐 느낌이다." 등 희망적인 소감을 써냈다. 생각해보라. 겨우 5

만 엔에 인생이 바뀐다니 정말 저렴하지 않은가?

나는 "이 강의를 듣고 만족하지 못한 분에게는 강의료를 전액 환불해드립니다."라고 미리 이야기한다. 강의를 해온 지 20년이 지났지만 지금까지 한 번도 환불 요구를 받은 적은 없다. 현금 장사를 제대로 하고 있는 셈이다. 이것이야말로 나와 상대가 함께 성공하는 윈윈 법칙이다. 강의를 제공하는 나와 강의를 제공받는 고객이 함께 행복해지니 말이다.

돈 이. 당 신 에 게. 말 하 는. 것 들

:
여섯

돈을 낳지 않는 곳에는 돈을 쓰지 마라

경영 컨설턴트라는 직업상 신규 사업이나 여태까지 한 번도 해본 적이 없는 일을 시작하려는 사람들을 상대로 상담하는 일이 많다. 그럴 때마다 '이건 아닌데……' 싶은 것이 있다.

아직 수익도 나지 않았는데 회계나 총무, 관리 같은 업무에 고액 연봉자를 고용하는 경우, 또는 조금이라도 이미지가 좋아지지 않을까 하는 마음에 지하철역에서 가까운 건물을 임대해 사무실을 내고 매달 비싼 월세를 지불하는 경우 등이 그런 예다.

즉 아직 수입도 없는데, 그리고 정말로 수익이 날지 어떨지도 불확실한데 수익이 날 것이라고 상정하고 미리 돈부터 쓰고 보는 것이다.

먼저 돈을 쓰는 거야 그 사람의 자유겠지만, 만일 매출이 나지 않거나 혹은 매출이 나도 수익이 확보되지 않는다면 어떻게 할 셈일까?

나는 마쓰시타전기(파나소닉)를 설립해 부를 쌓고 '경영의 신'으로 불린 마쓰시타 고노스케의 말을 지금도 똑똑히 기억한다.

"장사라는 것은 팔려야 장사라고 할 수 있네. 팔리지 않는 동안에는 파는 것 외에 다른 일에는 가능한 한 돈을 쓰면 안 되네."

당연한 말이다. 그러나 정작 자신이 장사를 시작하거나 새로운 일을 시도하게 되면 아무래도 형식이나 주위의 시선에 신경이 쓰이기 마련이다.

'위치 좋은 곳에 사무실을 내면 신뢰도가 높아지지 않을까.'

'고급 레스토랑에서 접대를 하면 계약이 성사될지도 몰라.'

그렇게 자신도 모르게 좋은 방향을 기대한다.

하지만 세상은 희망처럼 만만치가 않다. 고객과 거래처는 당신의 사무실이 '으리으리'하다고 해서, 사무실 위치가 좋다고 해서, 값비싼 접대를 받았다고 해서 당신의 상품과 서비스를 구매하거나 지원한다는 보장이 어디에도 없다. 상품의 질과 가격이 합리적이어서, 또는 성실한 자세로 대응했기에 구매욕을 자극받아 거래를 터주는 것이다.

그러므로 다른 어떤 조건보다도 먼저 고객이 상품에 만족하도록 거래를 시작하는 것에 집중하고, 그 밖의 일로는 판단을 흐리지 않도록 주의해야 한다. 형식과 체면에 돈을 들이는 것은 매출이 발생해서 수익이 난 다음에, 즉 손에 현금을 쥐고 나서 해도 늦지 않다.

미국에는 높은 이익을 내고 있으면서도 영업 이외의 인력은 거의 고용하지 않고 초라한 사무실에서 아무렇지도 않게 사업을 하는 사람과 회사가 많다. 그래서 겉모양은 다소 후줄근한 사람과 회사처럼 보이지만, 알고 보면 어마어마한 돈을 보유하고 있는 경우가 많다.

예를 들어, 나는 강의 외에도 레스토랑 사업도 하고 있는데 이를 후원해주는 일본의 글로벌 여행사 H.I.S.그룹의 사와다 히데오 대표는, 돈을 낳지 않는 일에 돈을 쓰는 것을 용납하지 않는다. 아무리 여유자금이 충분해도 돈을 쓰는 것은 그 사업이나 업무에서 수익이 발생하고 나서부터다. 자연히 신규 사업을 시작할 경우, 하루빨리 돈이 잘 벌리는 시스템을 구축하는 데 우선순위를 두게 된다.

돈을 잘 버는 사람은 사업과 거래를 할 때 그 한 건을 성사시키는 데만 집중한다. 그래서 결과적으로는 모든 건에서 수익을 내게 된다. 만에 하나 일정 기간 노력했는데도 수익이 나지 않는다면 주저 없이 방향을 돌려 영업 방식을 바꾸거나, 책임자를 바꾸거나, 비즈니스 모델을 바꾸는 데 착수한다.

나 역시 그의 방식에 완전히 공감한다. 수익을 내고 싶다면 우선 한 푼도 들이지 않고 그 일에 착수해야 한다. 돈을 들이고서 실패하면 이미 투자한 돈을 찾을 방법이 없기 때문이다.

사실 돈을 들인 일이 성공하는 것은 오히려 당연하지 않은가. 돈이 없어서 어떻게든 아이디어를 짜낸 상황에서 실제로 수익을 내는 시스템이어야 전망 있는 사업이라 할 수 있다. 만약 여러분이 투자 고수라면 ROI(Return on Investment, 투자자본수익률-역주)란 용어를 알고 있을 것이다. ROI는 기업의 순이익을 투자액으로 나누어 구한 수치이며, 얼마나 돈을 써서 얼마나 돈이 생산되었는지 확인하는 중요한 지표다.

ROI는 돈을 버는 행위에서 가장 중요한 고려 요소다. 가능한 한 돈을 들이지 않고 큰 이익을 내는 것을 최상으로 친다. 그러므로 이익을 낸 돈, 즉 투자액으로 순이익을 나누는 ROI의 공식으로 설명하자면 ROI의 수치가 클수록 바람직하다고 할 수 있다.

어떤 사업이나 일을 새로 시작할 때 ROI를 염두에 두고 판단하면 비용 대비 효과와 시간 대비 효과를 높이는 데 도움이 된다. 그런데 잊어선 안 되는 점이 있다.

비용 대비 효과, 시간 대비 효과를 높이려면 일단 매출을 올려야 한다는 것이다. 다시 말해, 팔리지 않으면 경비를 삭감하거나 이익을 증대시키는 노력조차 할 수 없다. 그러니 일단 매출을 올리는 일에 모든 것을 집중하라. 매출 발생을 위해 할 수 있는 모든 일을 리스트로 작성하고, 그 일들을 단숨에 해치워라. 그래야 일에 가속도가 붙는다. 그러다 보면 어느 순간부터 매출이 발생하기 시작할 것이다.

돈 이 . 당 신 에 게 . 말 하 는 . 것 들

:

일곱

작은 돈을 쉽게 여기지 마라

성공에서 빼놓을 수 없는 요소가 '운運'이다. 너무 비과학적인 주장 아니냐고 당신은 반문할지 모른다. 그러나 운이 없는 사람은 무슨 일을 해도 실패한다.

그렇다면 운이 없는 사람은 평생 그렇게 살아야 할까?

경험에 비추어 대답하자면 '누구나 운을 좋게 할 수 있다.' 노력하면 반드시 좋은 운은 찾아온다.

현재 어떤 일을 하고 있는데 운이 맞지 않는다면 아무리 계속

한들 잘되지 않을지도 모른다.

어떻게 해야 운이 좋아질 수 있을까? 여러 가지 방법이 있겠지만 내가 발견한 방법은 아주 간단하다.

그것은 바로 앞서 소개했듯이 모든 일에 '감사'하는 것이다.

앞에서 나는 사람들에게 감사하는 것이 얼마나 중요한지 이야기했다. 여기서는 돈에 대해 감사하는 것의 중요성을 이야기하고자 한다.

어떤 일을 하든지 재운財運을 좋게 만드는 것은 반드시 필요하다. 재운이 없는 사람은 일시적으로 성공할 수는 있어도 최종적으로는 좌초된다. 특히 근본적인 재운이 좋지 않으면 아무리 시간이 흘러도 돈 문제로 고생하기 마련이며, 나아가 인생 자체가 험난해진다.

사람이 하루하루를 무사히 보낼 수 있는 것은 꼬박꼬박 돈이 들어오기 때문이다. 급여, 아르바이트 수당, 연금, 수수료, 유산, 생활수급비 등 돈은 다양한 형태로 들어온다.

만약 돈이 들어오지 않으면 먹을 것을 살 수 없어 결국 '죽음'을 맞이하게 된다.

내가 이렇게 말하면 사람들은 이런 질문을 던진다.

"그게 무슨 소립니까? 노숙자나 실직자도 죽지 않고 잘만 살던데요."

자, 그럼 여기서 질문을 하나 던지겠다.

노숙자나 실직자는 빨리 죽는다는 사실을 알고 있는가? 나는 과거에 미국에서 노숙자, 실직자 상태를 경험한 적이 있다. 그때 무서운 속도로 체력이 고갈되어가는 것을 느끼고 '이대로 가다가는 정말 얼마 못 가 세상을 뜨겠구나!'라고 생각했었다.

실제로 노숙자와 실직자는 청결하지 못한 환경에서 지내고 활동을 별로 하지 않는다. 그 상태가 장기간 지속되면 갖가지 병에 노출된다. 영양가 있는 음식을 먹지 못할 뿐 아니라, 이미 부패해서 병균이 득실거리는 음식을 먹는 경우도 있다. 그래서 그런 생활을 오래 할수록 쇠약해진다.

그런데 노숙자나 실직자인 사람, 돈이 없어 고생하고 있는 운이 없는 사람에게는 공통점이 있다. 그들은 돈을 버는 행위, 또는 돈 자체를 경시하거나 얕잡아 본다는 것이다. 그래서 '인과의 법칙'에 따라 '돈을 우습게보니까 돈 때문에 우는 것'이다.

사람들은 흔히 돈이 없으면 행복하지 못하다고 말한다. 하지만 그것은 부정확한 표현이다. 정확히 말하면 '운'이 없는 사람이 불행해지는 것이다. 이 '운'에는 재운도 포함되어 있는데, 재운은 여러 가지 운 중에서도 아주 중요한 운이다.

앞서 말했듯이 '운'을 좋게 만드는 열쇠는 감사다. 특히 돈에 대한 감사는 매우 중요하다. 감사하는 마음을 품으면 그 대상에 경의를 표하고 소중히 여기게 된다.

그 대상이 돈일 경우, 감사한 마음을 갖고 소중하게 생각하면 일단 돈을 허투루 쓰지 않게 된다. 정말 필요한 것, 예를 들면 자기계발 등 앞으로 이익을 창출할 부분에만 돈을 쓰게 되는 것이다. 특히 고생 끝에 돈이 들어올수록 돈에 대한 감사의 마음은 깊어진다.

요약하자면 돈에 대한 감사의 마음과 언동이 재운을 좋게 만든다는 것이다. 정히 못 믿겠으면 반년에서 1년 정도 일정 기간을 정해 사람들에게 감사하라는 첫 번째 교훈을 '사람'에서 '돈'으로 바꾸어 직접 실행해보라. 그러고 나면 내 말뜻을 이해할 수 있을 것이다.

돈에 감사하면 돈을 대하는 말과 행동이 변한다. 돈에 대한 언동이 변한다는 것은 열심히 돈을 벌려고 하고, 번 돈을 소중하게 지니고 있으며, 가치 있고 효과적으로 쓴다는 말이다. 즉, 재운을 좋게 만든다는 말은 곧 돈에 대한 당신의 가치관을 바꾼다는 뜻이다. 가치관이 바뀌면 인생이 바뀐다.

돈.이.당신.에.게.말.하.는.것.들
:
여덟

좋은 사람을 만나라

운은 사람이 옮긴다.

훌륭한 사람과 귀중한 정보를 얻으려면 그들을 소개해줄 사람을 만나야 한다. 그래서 운은 마냥 기다린다고 찾아오지 않는다. 사람을 만나지 않으면 아무 일도 일어나지 않는다.

많은 사람을 만나다 보면 멋진 사람을 알게 된다. 당신과 알게 된 사람이 멋진 사람을 소개해줄 수도 있다. 소위 '운명적인 만남'이라고 할 수 있는 만남 말이다.

이렇게 운명적으로 만난 사람은 당신에게 필요한 사람과 정보를 다시 연결해주어 결과적으로 돈을 부른다. 그러므로 재운을 좋게 만들고 싶다면 운명적인 사람을 찾을 수 있도록 많은 사람을 만나라.

그런데 수십, 수백 명과의 만남에서 과연 누가 운명적인 사람인지 어떻게 알 수 있단 말인가?

그것은 의외로 간단하다. 사심 없이 당신을 응원해주는 사람, 그 사람이 당신에게는 운명적인 사람이다. 그들의 말과 행동을 보면 판단할 수 있다.

그들은 당신에게 아무것도 바라지 않는 이른바 '아낌없이 주는 나무'다.

그러면 왜 그들은 사심 없이 당신을 응원하는 것일까?

한마디로 말하자면 당신이 그 사람의 마음에 들었기 때문이다. 그 사람의 마음에 쏙 들어서 부모형제에 버금가는 존재로 받아들여지기 때문이다. 나도 몇 번 그런 일이 있었다. 특히 비즈니스에서 말이다.

그런 운명적인 사람은 처음 만났을 때 전류가 흐르는 듯한 신호가 온다.

그러다 상대에게 "오늘부터 자네와 나는 형 동생 사이로 지내세.", "자네는 내 아들이나 마찬가지야." 같은 말을 듣곤 했다. 그분들과는 지금도 가족처럼 지내며 교류를 계속하고 있다.
나로서는 참으로 감사한 분들이다. 특히 경제적으로 여러 번 지원을 받아 그저 죄송할 뿐이다. 현재 20명 남짓한 분들과 그런 관계를 유지하고 있는데, 모두 일본과 미국에 계신다. 그렇게 훌륭한 분들을 알게 되어 관계를 맺게 된 것은 내 평생의 큰 자산이다.

나 역시 자금난을 겪어 회사가 도산 직전까지 간 적이 몇 번 있었다. 그때마다 그분들에게 필요한 자금을 제공받아 기적적으로 오늘날까지 살아남을 수 있었다. 아마도 20번 넘게 도움을 받았던 것 같다.
그런데 그분들은 왜 그렇게까지 나를 응원하는 걸까? 몇 분에게 직접 여쭤봤더니 모두 입을 맞춘 것처럼 같은 말을 했다.
한마디로, 내가 "사리사욕에 얽매이지 않고 세상과 사람들을 위해 열심히 뛰기 때문에 자기도 모르게 응원하게 되었다."고 했다.

내 삶의 신조는 '주고 주고 또 준다'다. 반대급부를 기대하지 않고, 성실하지만 궁지에 빠진 사람을 무조건 돕는 일이 나는 진심으로 즐겁다.

그렇게 살아가는 내 모습을 운명적인 사람은 어찌된 일인지 한순간에 꿰뚫어보고 응원했다. 특히 경제적으로 힘들 때, 그분들에게 전화를 하면 금방 도움의 손길을 내밀어주었다. 그래서 나는 입이 닳도록 이렇게 말한다.

"좋은 만남이 돈을 부른다."라고.

그렇지만 만나자마자 상대를 보험처럼 여기거나 어떤 부탁을 하는 것은 금물이다. 오히려 그 반대이어야 한다.

평소에 누군가를 조건 없이 돕고, 그 사람의 일을 한결같이 응원해주어라. 또, 그에게 유익할 것 같은 정보를 주고 그에게 도움이 되는 좋은 사람들을 소개해주어라.

그러면 그는 당신의 팬이 되어 당신이 힘들 때 기꺼이 응원할 것이고, 결과적으로 당신의 재운은 크게 열릴 것이다.

다만 명심해야 할 것이 있다.

누군가를 응원할 때 대가를 바라면 안 된다는 점이다. 그런 저의를 갖고 사람을 대하면 상대는 금방 알아차리고 오히려 당신을 '경계 대상'으로 볼 것이다.

그저 그 사람이 멋있는 사람이기에, 존경하기에, 좋아하기에, 그 사람을 만나면 가슴이 뛰기에 그 사람의 문제를 함께 의논하고 응원하라는 말이다.

그를 응원하는 일 자체가 즐겁고 행복하지 않으면 진정한 재운을 끌어당길 수 없다. 재운은 세상과 사람들을 위해 사는 이에게만 사람을 매개체로 다가오기 때문이다.

돈 이. 당 신 에 게. 말 하 는. 것 들

아홉

신용을 신처럼 모셔라

한순간이 아닌, 지속적으로 돈을 벌기 위해 필요한 것은 '신용'이다.

신용을 등한시하면 아무리 노력해도 지속적으로 돈을 벌 수가 없다.

사람들은 신용할 수 없는 상대나 조직과는 함께 일하고 싶어 하지 않는다. 더구나 직접적인 이해관계가 얽히는 비즈니스라면 일단 믿을 수 없다고 판단되는 사람은 제외당하게 된다.

믿을 수 없는 사람과 얽히면 사기를 당하거나 거래에서 사고가 터질지도 모른다고 생각하기 때문이다.

신용을 쌓기 위해서는 엄청난 시간이 걸리므로 그야말로 죽기 살기로 관리해야 하는 게 신용이다.

"이렇게 성실한 사람이라면 믿을 수 있겠어. 꼭 같이 합시다!"

그런 평가를 받기까지는 엄청난 노력을 계속해야만 한다.

> 파괴는 순간이며, 창조는 사투死鬪다.
>
> 타성은 어둠이며, 희망은 빛이다.
>
> 후퇴는 사死이며, 전진은 생生이다.

이 짧은 문장은 작가이자 종교인인 이케다 다이사쿠의 명언이자 내 좌우명이기도 하다.

실제로 나는 이 말처럼 몇 번씩 실패를 거듭했다. 긴 세월 동안 쌓아온 소중한 사람들의 신용을 한 번의 경솔한 말과 행동으로 한순간에 무너뜨린 것이다.

땅을 치며 후회해도 돌이킬 수 없을 정도로 커다란 금이 간 적도 있었다. 특히 그 일에 돈이 걸려 있기라도 하면 신용이 바닥

에 내동댕이쳐질 뿐 아니라, 경우에 따라선 평생 원망을 듣게 된다.

지금까지도 오해를 풀지 못하고 나를 오랫동안 원망하고 있는 사람이 있다. 그는 나를 협잡꾼, 사기꾼이라고 부른다. 내가 소개한 사람의 사업에 투자했는데 그 사업이 어이없이 엎어진 것이다. 아무리 해명을 해도 내가 그를 속였다는 오해를 풀 순 없었다. 무릎을 꿇고 사죄해보기도 했지만 아직도 내 진심이 통하지 않으니 참으로 안타까운 일이다.

이렇듯 한 번 일어난 일은 아무리 후회해도 변하지 않는다. 상대에게 피해나 손해를 입혔다면 변명하지 말고 상대가 내 진심을 알아줄 때까지 성심성의껏 사죄하고 보상해야 한다.

한결같이 성의를 갖고 상대를 대하면 언젠가는 반드시 알아줄 때가 올 것이라 믿는다.

신용이 있으면 내게 필요한 자금이 모인다. 수중에 돈이 없어도 탄탄한 신용이 있으면 신기하게도 필요한 돈이 모여든다. 돈이 신용 있는 사람을 좋아하기 때문이다.

바꿔 말하면 신용이 있는 사람은 성실한 사람이니까 돈도 소중하게 대하리라고 생각하는 게 아닐까.

나 역시 돈을 지불하는 입장일 때는 상대의 지위나 명성이나 능력 여부보다도, 성실하고 믿을 만한 사람인지부터 보게 된다. 아무리 돈과 명성, 지위, 권력이 있는 사람이라 해도 성실하지 않으면 자기 위주로 일을 처리하거나 얼버무린다. 실제로 나는 그런 상황을 여러 번 목격했다. 반면 성실한 사람은 무슨 일이 있어도 성의를 담아 대응한다.

성실하고 믿을 수 있는 사람에게 경제적인 지원을 해주고 싶은 것은 인간의 당연한 심리다.

20대일 때 나는 글로벌 국제회계·경영 컨설팅 회사의 뉴욕 본사에서 근무했다. 그때는 회사 간판, 즉 조직의 신용을 내세워 거래했기 때문에 자금조달도 쉽게 할 수 있었다. 그러나 그 회사에서 10년 동안 근무한 후, 32살에 '국제경영 컨설턴트'로 막 독립했을 때는 나 개인의 신용이 없었기에 대부분의 사람들이 상대해주지 않았다. 그래서 영업과 자금조달에 상당히 고생할 수밖에 없었다.

다행히 사람들을 항상 진심으로 대하고, 약속한 일은 꼭 지키며, 한 건 한 건 차분히 일을 추진했더니 신용이 서서히 높아지기 시작했다. 그와 비례하여 일과 자금도 차곡차곡 모였다. 2년 뒤에 돌아보니 샐러리맨 시절에 10년 걸려 모은 돈의 3배가 넘는 금액이 수중에 들어와 있었다.

돈은 써버리면 끝으로, 다시 돌아오지 않는다. 그러나 일단 확고한 신용이 쌓이면 필요할 때에 필요한 만큼의 자금이 사업가 곁에 모이게 되어 있다.

나의 지인인 센모토 사치오는 이액세스eAccess라는 브로드밴드 사업을 시작할 무렵, 사업계획서만으로 불과 몇 달 만에 60억 엔(한화 약 800억 원)이나 되는 자금을 모았다. 또, 이모바일이라는 이동전화 서비스 시장에 진출했을 때도 모회사인 이액세스의 실적과 새로운 사업계획서를 통해 3천억 엔(한화 약 4조 원)이라는 엄청난 돈을 국내외로부터 조달하는 데 성공했다. 모두 그의 신용이 일구어낸 실적이었다.

돈 이. 당 신 에 게. 말 하 는. 것 들

: 열

편한 길을 가지 마라

미국의 한 심리학자가 고등학생을 대상으로 돈 쓰는 방법에 대해 실험했다. 성적이 우수한 고3 학생들을 10명씩 A그룹과 B그룹에 배치하고, A그룹은 컴퓨터로 주식매매를 하게 해서 쉽게 돈을 벌게 했다. 투자전문가가 주식투자의 요령을 가르쳤고, 머리가 좋은 그들은 금방 요령을 배울 수 있었다.

반면, B그룹의 학생 10명에게는 레스토랑 접시닦이나 신문 배달 등 힘들게 몸을 쓰지만 보수는 낮은 일을 하게 했다.

그러고 나서 두 그룹의 학생들에게 자신이 번 돈을 마음대로 쓰게 했다. 실험은 1년 동안 지속되었다. 그리곤 한 가지 명확한 결론이 도출되었다.

주식거래로 재미를 보았던 A그룹 학생들의 돈은 1년 뒤에 거의 남아 있지 않았다. 주식투자를 하다가 실패해서 돈을 잃은 것이 아니라 번 돈을 전부 써버렸던 것이다.

B그룹은 어땠을까? 분명히 아르바이트 수당은 얼마 안 됐지만 이들은 절반 이상이 돈을 거의 그대로 갖고 있었다.

일단 써버리고 나면 다시 힘들게 일해서 돈을 벌어야 한다는 사실이 그들로 하여금 돈을 유지시킨 것이다.

결과적으로 돈을 모은 B그룹의 모든 학생이 1년 후에는 A그룹 학생의 평균저축액의 2배가 넘는 돈을 갖고 있었다.

이 결과가 우연일지도 모른다고 생각한 심리학자는 다음 해에도 새로운 3학년 학생들을 대상으로 같은 실험을 해보았지만 결과는 거의 동일했다.

이 이야기를 읽고 이런 생각이 들었다.

'편하게 번 돈은 편하게 날아가는구나.'

편하게 돈을 번 사람은 그 돈을 다 써도 또 편하게 벌 수 있을 거라고 생각한다. 그래서 돈을 쉽게 써버리는 것이다.

비슷한 사례를 하나 더 들어보자.
부유한 집에서 태어난 사람은 부모에게 원하는 것을 바로바로 조달받을 수 있기 때문에 부족함을 모르고 자라는 경향이 있다. 이들은 부모가 죽은 뒤에도 상속받은 유산 덕분에 얼마간은 풍족한 생활을 한다.
그러나 신나게 돈을 쓰다가 유산이 바닥나면 난생처음으로 돈 문제 때문에 곤경에 처하게 된다.
안타깝게도 이렇게 자라난 이들은 돈이 없을 때 지출 이상의 수입을 얻는 방법을 배우지 못했기 때문에 그런 생활을 지독히 고통스러워할 뿐 어떤 대책도 마련하지 못한다.
그러니 당신이 부자가 되었을 때 정말로 자식을 사랑한다면 재산이나 돈을 간단히 양도하지 말아야 한다.
오히려 올바른 방법으로 돈을 벌고, 그 돈을 운용하는 법을 먼저 가르쳐야 한다.
당신의 아이가 누구도 무너뜨릴 수 없는 행복한 인생을 살게 하고 싶다면 말이다.

열심히 일해서 돈을 버는 것의 중요성을 가르치지 않은 상태에서 재산과 돈을 물려준다면 그 아이는 눈 깜짝할 새에 모든 것을 탕진할지도 모른다. 스스로 벌어서 생활하는 방법을 모르는 상태에서 유산이 사라지면 그 다음은 속수무책이다.

강조하고 싶은 바는 편하게 돈을 버는 방법 따위는 애초에 배워서는 안 된다는 말이다.

그래서 당신이 자녀에게 물려줘야 하는 유산 항목에는 돈이 아니라 돈에 대한 가치관이 기록되어야 한다.

돈 이. 당 신 에 게. 말 하 는. 것 들
:
열하나

수익이 날 때 조심하라

'돈 버는 건 참 쉬워.'
'약간만 머리를 굴리면 돈은 언제든 들어오게 돼 있어.'
내가 보아온 경험상, 이런 생각을 하던 사람은 부자가 되지 못했다.
돈을 벌려고 혈안이 되어 있는 사람은 수도 없이 많지만, 그렇게 쉽게 수익이 날 만큼 돈은 만만치가 않다.
오랫동안 지속적으로 돈을 버는 것만큼 어려운 일이 세상에 또 있을까?

일시적으로 돈을 버는 것은 그다지 어렵지 않다. 문제는 지속적으로 돈을 버는 일이다.

환경이나 규제가 바뀌거나 갑자기 힘센 경쟁사가 시장에 진입하는 등 중간에 실패할 요소는 얼마든지 있다.

그렇다면 오랫동안 지속적으로 돈을 벌려면 무엇이 필요할까? 답은 항상 '혁명적 위기의식'을 갖는 데 있다.

수익이 나는 시스템을 구축해 계속 돈이 벌린다고 해도, 그것은 어디까지나 주위 환경이 변하지 않을 때만 가능한 일이다. 환경이 변하면 순식간에 수입이 끊기는 일은 비일비재하다. 돈이 들어오지 않을 뿐이면 그나마 다행이지만, 막대한 손실이 나는 경우도 많다.

그러니 일단 자리 잡은 시스템이 잘 운영되며 수익을 낸다고 해서 안심하지 마라. 끊임없이 노력하고 진화하지 않으면 그 수익은 순식간에 자취를 감출지도 모른다.

하루가 다르게 변하는 현대사회에서 우리의 주변 환경도 무서운 속도로 변하고 있다. 당연히 오늘 수익을 내는 시스템이 내일은 통하지 않을 수 있다. 이 점을 각오해야 한다.

유명한 일화가 하나 있다.

1920년에 세운 양품점을 1958년에 주식회사로 전환한 뒤, 일본을 대표하는 유통업체로 키운 이토 마사토시 사장. 그는 일본 유통업계 이익률 1위를 차지하던 시절에도 회사가 도산하는 꿈을 종종 꾸었다고 한다. 타의 추종을 불허하는 정상에 서 있을 때였는데 말이다.

다른 사람 같으면 뛰어난 실적과 주위의 높은 평가를 믿고 자만심에 취해 우쭐했을 것이다. 그러나 그는 오히려 경계수위를 한층 높였다.

지금 오른 실적이 언젠가는 다시 내려갈 수도 있음을 오랜 사업 경험으로 충분히 알고 있었기 때문이었다.

그러니 마음 놓고 앉아 있을 때가 아니었다. 회사는 덩치가 커질수록 움직임이 둔해져 약간의 변화에도 신속하게 대처하지 못하는 경향이 있다. 그는 이 점을 중대한 위기로 인식했다.

창업자인 이토 마사토시에겐 이 같은 '혁명적 위기의식'이 존재했기에 이토요카도와 세븐일레븐을 보유한 세븐&아이그룹 제국이 세워질 수 있었다.

그의 위기의식은 후계자인 스즈키 도시후미 회장과 다른 경영

간부들에게도 전수되어 그룹 전체의 기업문화로 자리 잡았다. 중요한 한 사람의 '혁명적 위기의식'이 수많은 직원에게 영향을 주어 회사 전체로 퍼지는 효과를 낳은 것이다.

그렇다면 이토 마사토시는 왜 그렇게까지 비장한 위기의식을 지니고 있었을까?

이는 그가 회사를 세우기 전에 돈을 버는 것이 얼마나 힘든 일인지 몸서리쳐질 정도로 경험했기 때문이다. 오랫동안 지속적으로 돈을 번다는 것이 얼마나 어려운 일인지 그보다 잘 아는 사람은 없었다.

그래서 일본에서 손꼽히는 억만장자가 된 다음에도 창업자이자 기업가의 숙명으로서 평생 혁명적 위기의식을 지니고 있었다. 돈의 고마움을 뼈저리게 알고 있었기에 돈을 벌 수 있다는 것에 정말로 감사했던 것이다.

앞에서도 이야기했지만, 내가 글로벌 컨설턴트로 독립했을 무렵에는 돈이 거의 들어오지 않았다. 프라이스워터하우스쿠퍼스에서 10년 동안 근무하면서 실적을 남겼으므로 나름대로 자신이 있었건만, 결과는 초라하기 짝이 없었다. 영업을 위해 여기저기 돌아다녀도 문전박대를 당하기 일쑤였다. 샐러리맨 시절에는 성과급을 받아서 20대 치고는 꽤 높은 수입을 얻었는데, 갑자기 수입 제로인 상태가 1년이나 계속되었다.

전에는 회사간판 없이 돈을 버는 일이 그렇게 어려우리라고는 꿈에도 생각하지 못했었다.

결국 경쟁사이자 세계적인 컨설팅 기업인 맥킨지와 보스턴컨설팅 등이 거절한 부스러기 같은 일을 의뢰받아 첫 실적을 올릴 수 있었다. 비록 규모는 작았지만 그 일을 계기로 하나둘씩 다른 의뢰가 들어오기 시작했다. 그때의 공포심은 돈을 벌 수 있다는 것이, 그리고 돈이 들어온다는 것이 얼마나 고마운 일인지 평생 잊지 못하게 만들었다.

돈 이. 당 신 에 게. 말 하 는. 것 들
:
열둘

올바르게 벌겠다고 다짐하라

어떤 일을 잘하게 되는 지름길은 그 분야에서 성공한 전문가의 방식을 철저하게 연구하고 모방하는 것이다. 그런데 이때 그 사람이 올바른 방법으로 성공했다는 대전제가 있어야 한다.
어느 분야든 부정한 방식으로 성공하면 길게 가지 못하기 때문이다.
특히 돈과 관련이 깊을수록, 방법이 그르면 지속적으로 좋은 결과가 나오지 않는다.

만약 당신 주위에서 부정한 방법으로 돈을 버는 사람이 있다면 그 사람의 미래를 지켜보라. 반드시 심판 받을 날이 오고야 만다. 적어도 내가 보아온 바로는 부정하게 돈을 번 이들 중 그런 심판을 피해 간 사람은 단 한 명도 없었다.

'왜 부정한 방법으로 돈을 벌면 심판을 받는 것일까?'

나는 언제부터인가 이런 의문이 떠올라 여러 사람들에게 이 물음을 던졌다. 콕 집어서 답변을 한 사람은 그리 많지 않았지만, 모두 한결같이 '인과의 법칙'과 유사한 말을 했다.

요컨대 세상은 어딘가에서 균형을 잡게 되어 있다는 것이다.

자신을 위해서 타인을 이용하며 사는 일방적이고 극단적인 행위를 하면 반드시 반대급부가 돌아온다. 남을 희생시켜 돈을 벌면 상대와 주위 사람들의 반감을 사기 마련이고, 결국 그들이 당신을 그 자리에서 끌어내리게 된다. 거짓말 같으면 직접 한 번 시도해보라. 얼마 안 가서 자신이 한 짓이 부메랑이 되어 돌아올 것이다.

나에게도 씁쓸한 경험이 있다. 어느 날 I라는 젊은 사장이 나를 찾아와 세상과 사람들을 위해 사업을 하고 싶다, 꼭 성공하고 싶다며 협력과 지원을 요청했다.

'젊은 나이에 참 생각이 기특하군. 세상과 사람들을 위해 목숨 걸고 비즈니스를 하겠다니. 나도 거들어주어야지.'

나는 I사장을 처음 만났을 때 그렇게 생각했다.

그런데 I가 비즈니스에 성공하고 싶었던 것은 사실, 세상을 위해서도 사람들을 위해서도 아니었다. 그저 유명인이 되어 부를 쌓고 호화로운 생활을 하고 싶다는 자신의 욕망을 충족시키려 했을 뿐이었다. 나와 내가 소개해준 사람들은 그의 이기적인 꿈에 이용당했다.

'속이기보다는 속는 편이 낫다.'가 내 신조지만, 내가 그 사업에 관여했기 때문에 "하마구치 씨가 지원하는 사람이라면 나도 응원해야지요."라며 많은 사람이 그를 도왔다. 당시에는 나도 최선을 다해 I사장을 지원했기에 그 사람들이 응원 차원에서 넣어준 주문들을 고맙게 받아들였다.

그러나 I는 그렇게 해서 조달한 자금을 개인적인 용도로 소비했다. 게다가 자신을 지지하는 저명인사나 권위자의 이름을 팔아 자신이 얼마나 대단한 사람인지 다른 저명인사와 권위자에게 광고하고 다녔다.

I의 의도대로 그들은 "젊은 사람이 시원시원하게 말도 잘하고 재치가 있군."이라고 반응하며 그를 높이 평가하고 자신의 친구들에게도 소개해주었다. 결과부터 이야기하자면 I가 경영한 회사는 순식간에 파산하고 상당한 희생자를 냈다. 그와 동시에 그를 소개한 사람이자 응원단장 격이었던 나는 단번에 신뢰를 잃고 책임추궁을 당해야만 했다.

그가 실패한 가장 큰 원인은 올바른 목표를 가지고 올바른 방법으로 돈을 벌려는 마음이 없었던 데 있었다.

그 점을 일찌감치 간파하지 못한 나는 '사람 보는 눈이 없었다.', '그의 속셈을 꿰뚫어보지 못했다.'고 자책하는 정도로 끝나지 않는, 커다란 도의적 책임을 져야만 했다.

'인간은 기본적으로는 모두 좋은 사람이다.'라는 성선설적 생각을 당시의 나는 지나치게 확신했던 것 같다.

나는 그 일 이후로 생각이 상당히 바뀌었다. '사람은 경우에 따라서는 나쁜 의도로 나쁜 짓도 할 수 있다.'는 '성악설'에 가까운 생각도 하게 되었다. 덕분에 사고방식이나 판단 기준에 균형 감각이 생겼다고나 할까.

그 사건 이후, 나에게 지원을 요청하는 사람들에게 나는 이렇게 부탁한다.

"올바른 방법으로 돈을 잘 버는 사람에게 가르침을 받고 따라 하십시오."

이해득실이 아니라 선악의 판단 기준을 지니고 오랫동안 돈을 벌고 있는 사람을 찾아서 배우라는 의미에서 말이다.

돈 이. 당 신 에 게. 말 하 는. 것 들
:
열셋

돈과 애인은 구속하지 마라

돈은, 벌고 또 벌어서 쥐고만 있으려는 사람으로부터 자꾸 달아나려는 속성이 있다.

그 이유가 뭘까?

돈은 한 곳에 머물지 않고 천하를 돌고 도는 성질을 갖고 있기 때문이다. 원래 돈이란 세상을 순환할 목적으로 만들어졌으며, 이것이야말로 돈의 변하지 않는 본질이다.

결국 여윳돈이 생기면 그 돈을 세상을 위해, 사람들을 위해 쓰는 쪽이 돈의 본성을 살린다고 할 수 있다. 그럼으로써 '돈은 돌고 도는' 존재가 되어 세상에서 순환한다.

이런 돈의 본질을 무시하고 억지로 붙잡아 두려 하면 오히려 돈은 점점 멀어진다. 그러니 당신에게 생긴 돈에 순수한 마음으로 감사하고 그 돈을 세상과 사람들을 위해 써라.

대표적인 예가 기부다. 세상과 사람들을 위해 분발하고 있는 회사의 상품이나 서비스를 이용하고 돈을 지불하는 방법도 있다. 그러면 돈이 기뻐하며 다시 당신 곁으로 찾아와 결과적으로 다시 돈을 버는 선순환 사이클을 만들어준다.

이것은 연애할 때에도 똑같이 적용되는 이치다.

상대를 지나치게 좋아한 나머지 그 사람을 항상 당신 눈앞에 두고 감시하고 감독하려 해보라. 애인은 숨이 막혀 당신 곁에서 멀어져갈 것이다.

그 사람이 정말로 좋다면 자유롭게 놓아주어야 한다. 하고 싶은 대로 하게끔 놓아주면 당신의 넓은 마음에 감사를 느껴 더 좋아할 가능성이 높아진다. 이는 한 사람의 인권과 가치관을 인정하는 일이기도 하다. 그러니 절대로 자기 생각만을 밀어붙여서는 안 된다.

돈은 애인과 똑같다.

돈은 끊임없이 세상을 돌아다니는 존재이니 의미도 없이 돈을 움켜쥐고 있지 않아도 된다. 정말로 필요한 때에 돈은 반드시 당신에게 돌아온다. 그 힘을 나는 '돈을 끌어당기는 힘(돈에게 사랑받는 힘)'이라고 부르는데 다른 말로 하면 '신용'이다.

그래서 '돈을 끌어당기는 힘'이 없는 경영자나 비즈니스맨은 반드시 망한다.

비즈니스는 성장할 때도 있지만 부진할 때도 있다. 잘 안될 때에, 즉 정말로 돈이 필요할 때에 돈을 끌어당기는 힘이 없으면 돈이 돌지 않아 망하게 된다.

돈은, 그렇게 끌어당기는 힘이 있는 사람이 세상과 사람들을 위해 살다가 정말로 돈이 필요해졌을 때 찾아오는 신비로운 생명력을 지니고 있다.

이런 원리에서 볼 때 회사를 설립해 오랫동안 지키고 있는 사람은 틀림없이 그러한 돈의 생명력을 아는 사람이다. 그런 사람들은 다른 사람 같으면 자금부족으로 회사가 무너질 상황에서도 기적적으로 돈을 조달해온다.

나도 그런 일을 여러 번 경험했다.

미국경영대학원에 유학하던 시절에는 대학원의 지원을 받았고, 직장을 나와 독립했을 때에는 전 직장에서 자금을 지원받았다. 일본에 진출했을 때는 지인이 원조를 아끼지 않았고, 신규 사업을 일으켰을 때는 통큰 투자자가 거액을 출자했다. 또 회사가 도산 직전에 처했을 때는 친구가 자금을 빌려주는 등, 예를 들자면 끝이 없을 정도다.

끊임없이 새로운 일에 도전했던 나는 안전망이 없는 절벽에 몰리는 상황에 수도 없이 부딪혔다. 그러나 그때마다 절호의 타이밍에 누군가의 도움을 받았다. 기적이라고밖에 달리 표현할 길이 없다. 그야말로 '돈은 돌고 도는 것'을 입증하듯 어디선가 돈이 돌아와서 나를 구하고 내가 곤경에서 탈출하면 마치 "곤란할 때에 또 올게!"라고 말하듯 어딘가로 돌아갔다.

돈 이. 당 신 에 게. 말 하 는. 것 들

열넷

신념에 어긋난 돈은 거절하라

미국에서 나는 어느 상장기업의 비상근 이사직을 맡은 적이 있다. 그러나 본업인 경영 컨설팅으로 바빠지자 이사직에서 물러나기로 했다.

그때 내가 추천해서 들어온 다른 이사도 내가 그만두면 함께 그만두겠다고 나섰다. 그러자 회사는 그만두려는 우리들에게 지금까지의 노고를 치하하는 차원에서 거액의 추가 보수를 지불하겠다고 했다. 무척 고마운 이야기였다.

나는 그렇게 높은 추가 보수를 지불하려는 회사의 배려에 진심으로 감사의 뜻을 전했다.

하지만 수령 자체는 정중하게 거절했다. 회사가 상장을 하긴 했지만 급격한 실적 악화로 우리가 퇴임할 결산기에는 거액의 적자를 내고 있었기 때문이었다.

우리에게 특별 보수를 지불할 돈이 있으면 회사 실적을 하루라도 빨리 개선하는 데 쓰기를 바랐다. 결국 고집스럽게 보수를 받지 않겠다는 나의 굳은 의지가 회사에도 전달되어 퇴임하는 이사들에 대한 추가 보수는 없는 것으로 마무리되었다.

얼마 후 그 일을 전해들은 친구들은 이런 반응을 보였다.

"하마구치 씨, 너무 아깝잖아요. 회사가 하마구치 씨의 능력을 높이 평가해서 그에 합당한 보수를 주겠다고 타진한 거잖아요. 그럼 그냥 감사히 받으면 되는데 뭘 그렇게 고집을 부려요?"

지당하신 말씀이다. 한동안 일을 쉬어도 될 정도의 큰돈이었으니, 만약 그 돈을 받았다면 경제적인 면에서는 큰 도움이 되었을 것이다.

그러나 나 말고도 많은 사람들의 생활이 달려 있는 회사가 수익을 내지 못하고 있는 현실은, 눈감고 돈을 받을 수 없게 만들었다.

물론 회사가 수익을 내지 못하는 데 대한 일차적 책임은 CEO에 있다.

그러나 그 CEO를 선택한 것은 우리 이사들이었다. 비록 비상근이었고 자리에서 물러나긴 했지만 내가 그 책임에서 벗어나 추가 보수를 받을 자격이나 권리는 없다고 느꼈던 것이다.

회사는 물론이고 경제적 지원을 멈추지 않는 주주와 금융기관에 정말 면목이 없었다. 그래서 자금운영이 곤란한 상황에서 무리하게 돈을 받는 것은 정의롭지 못하다고 생각했다.

그로부터 1년 후. 그 회사의 실적이 갑자기 개선되기 시작하더니 사상 최대의 이익을 기록했다.

그러자 새로 선임된 이사들은 회사 실적이 개선된 이유가 예전 이사들이 그만두기 전 최적의 경영방침을 내걸고 신속하게 실행에 옮긴 덕분이라는 결론을 내리고 참으로 이례적인 일을 결의했다. 바로 우리 구舊 이사진에게 고액의 성공 보수를 지급하기로 한 것이다.

우리 구 이사진이 회사를 그만둘 때 지급하겠노라고 제안 받은 추가 보수액의 거의 10배가 넘는 액수였다.

그 결정을 들었을 때 우리는 정말 놀라움을 감출 수가 없었다. 우리가 그만둘 때 추가 보수를 받았다면 새로 지급되는 거액의 보수는 결코 받을 수 없는 돈이었다.

나의 미국인 상사는 이렇게 말하곤 했다.

"눈앞의 푼돈을 좇지 마라. 신념을 지키면 큰돈은 반드시 따라온다. 그러니 계산기 두드릴 시간이 있으면 혼신의 힘을 다해 일에 몰두하라!"

그는 부하 직원들에게 뜨거운 어조로 이 말을 반복하곤 했다.

지금 생각하면 그처럼 전력을 다해 성실하게 일에 몰두한 진정한 리더 아래에서 훈련받을 수 있었던 것은 보기 드문 행운이자 평생의 보물이 되는 일이었다. 그의 말은 지금도 내 가슴 속에 좌우명처럼 남아 있다.

돈 이. 당신 에 게. 말 하 는. 것 들

: 열다섯

헝그리 정신을 배워라

나는 미국에서 수많은 화교와 비즈니스를 했다. 그들은 이미 미국인으로 귀화했으니 중국계 미국인이라고 하는 게 더 정확한 표현이겠다.

당시 내가 받은 첫인상은 그들이 아주 왕성한 헝그리 정신의 소유자이며 열정적으로 살고 있다는 것이다.

그들은 중국어권에서 이주해 언어와 관습, 문화의 차이로 인한 핸디캡을 짊어지고 인종차별을 받으면서도 자식을 키우기 위해 죽을 힘을 다해 살아온 부모를 보면서 자랐다. 부모님을 편하게 해드리고 싶다, 경제적으로 풍요로워지고 싶다는 소망에서 싹튼 그들의 헝그리 정신은 미국인의 상상을 초월할 만큼 강렬했다.

실제로 그들과 벌이는 비즈니스에서 나는 당혹스러움과 강렬한 자극을 느꼈던 일이 한두 번이 아니었다.

그 좋은 예로 비즈니스를 진행하는 속도, 즉 엄청나게 빨리 진화하는 속도를 들 수 있다. 또 단기간에 급속도로 일을 확대하는 배짱과 담력도 그렇다.

나는 '중국통'인 몇몇 사람들과 이야기를 나눠보고 중국인의 삶에 대한 태도 이면에는 '헝그리 정신'이 뚜렷이 존재한다는 결론에 도달했다. 물질적으로 풍요로워진 지금의 미국인이나 일본인으로서는 도저히 따라갈 수 없는 자세였다.

옛날, 세계 2차 대전이 막 끝날 무렵에는 일본인에게도 헝그리 정신이 있었을 것이다. 소니와 혼다, 교세라 등 세계적인 기업이 탄생하고 급성장을 이루었던 것도 헝그리 정신 덕분이었다. 그러나 점차 경제적으로 풍요로워지고 종신고용제에 기반을

둔 샐러리맨이 훨씬 많아지면서 삶을 사는 방식도 서서히 안전 지향적으로 변해갔다.

다시 말해 중국인과는 달리 지켜야 할 것이 많아진 우리는 위험을 무릅쓰지 않게 된 것이다. 총체적으로 보면 중국인, 특히 화교는 위험을 인지하고도 그 위험을 감행하는 위험감행형Risk-Taker으로서, 꿈과 목표를 실현하기 위해서라면 적극적으로 위험을 감내한다.

반면 지금의 일본인은 거의 대부분 위험회피형Risk-Averter으로서, 가능한 한 위험요소를 피하며 살고 있다. 무엇이 더 좋은지 간단히 판단할 순 없지만, 요즘의 불확실한 비즈니스 환경에서는 새로운 일에 도전하고 적극적으로 위험을 감내하는 것이 성공의 열쇠임에는 분명해보인다.

지금은 위험을 회피하는 것 자체가 커다란 위험이 되는 시대이기 때문이다. 뒤집어 말하면 오늘날 무엇을 해도 위험은 실과 바늘처럼 붙어 다닌다.

그렇다면 적극적으로 위험을 감수하고 새로운 일에 도전하는 것이 오히려 성공할 확률이 높지 않겠는가?

내 경험상 새로운 일을 시도하면 열에 아홉은 실패한다. 그래서 많은 사람들이 "그러게 새로운 일에 도전하는 게 아니라니까."라는 보수적인 논리로 무장하게 되는 것이다.

그러나 이는 성공하기 위해서는 먼저 실패해야 하는 시대로 접어들었다는 사실을 아직 깨닫지 못했기에 하는 말이다.

지금은 예전처럼 새로운 일을 시작해서 처음부터 성공할 수 있는 단순한 세상이 아니다. 성공을 위해서는 주저 없이 새로운 일에 도전하고 차례차례 실패하는 과정에서 배우고 진화해야 한다. 그 결과로서 성공을 거머쥐게 되는 것이다.

돈을 버는 일에도 같은 원리가 적용된다.

한 방에 성공해서 이익이 나는 비즈니스는 이제 없다. 도전한 일에 실패하고 다시 계획을 수정하고 개선하여 진화를 거듭하는 과정을 거쳐 가장 적합한 비즈니스 모델과 방법을 발견하는 것이다.

지금 헝그리 정신으로 무장한 화교가 무서운 기세로 새로운 일에 도전하고 있다. 새롭다고는 해도 사실 많은 경우 해외에서 성공한 비즈니스를 보고 모방해 사업화하는 방식을 취하고 있다. 초창기에는 대부분 실패하지만 그럼에도 포기를 모르고 도전하는 그 모습은 가히 위협적이다. 그들은 아무리 실패해도 주눅이 드는 법이 없다. 실패를 거듭하며 필요한 경험과 지식, 노하우를 축적하여 마지막에는 결국 대성공을 거둔다.

정말로 돈을 벌고 싶다면 그들처럼 위험을 정면으로 감내하고 새로운 일에 도전해 실패를 거듭하며 진화해야 한다.

실패를 두려워하지 마라, 성공은 실패의 집합이라는 진리를 그들은 결과로 보여주고 있다.

나의 경우, 미국에서 벌였던 비즈니스의 성공률은 1승 99패 정도였다. 그러나 화교를 모델 삼아 도전을 거듭한 결과, 단 1승이었지만 그때까지 당한 99패로 잃은 손실액을 다 합친 액수의 50배를 상회했다.

돈 이. 당 신 에 게. 말 하 는. 것 들
:
열여섯

유대인처럼 살아라

'유대 상법'을 몰랐을 때는 유대계 미국인에게 큰 손실을 입곤 했다. 미국에서 가장 잘 번다는 금융, 투자 분야와 정보통신사업은 대부분 유대인이 장악하고 있다.

그들의 비즈니스를 뒷받침해주는 우수한 변호사나 회계사도 대부분 유대인이었다.

세계에서 가장 돈을 능숙하게 버는 인종은 유대인이 아닐까 생각된다. 그들은 아주 지적이고 치밀하며 감탄을 자아낸다. 돈

벌이라는 측면에서도 정말 우수한 민족이다.

뿐만 아니라 어떤 사소한 일이든 가벼이 여기지 않는 자세까지 지녔다.

이런 면은 약간 일본인과 비슷한 구석이 있다.

다만 한 가지 큰 차이점이 있는데, 유대인은 위험관리Risk management에 철저해서, 공격적이고 대담하게 그 위험을 감수한다는 점이다. 유대인은 비즈니스의 천재들이다.

나의 절친한 친구이자 '부동산 투자의 천재'로 불리는 스튜어트 호프만도 전형적인 유대인이다. 그는 재무학에서 전미 1위로 꼽히는 펜실베이니아 경영대학원(와튼 스쿨)을 우수한 성적으로 졸업한 뒤, 고등학교 수학교사를 했다. 그의 수학 실력은 교수들이 수학자가 되라고 여러 번 권유할 만큼 탁월했다.

나도 다른 과목은 잘 못했지만 수학만큼은 미국의 경영대학원에서도 우수한 축에 들었다. 그러나 그의 우수함에 비하면 발뒤꿈치에도 미치지 못하는 실력이었다.

아마도 내가 아는 그 분야의 프로, 즉 저명한 수학자보다 그의 수학적 능력이 더 높을 것이다.

이런 호프만이 어느 날 친구의 부탁을 받고 자신의 능력을 적극 활용해 본업인 교사를 겸하면서 친구의 비즈니스를 파트타임으로 도와주기로 했다. 그런데 그가 생각해낸 새로운 방법이 높은 수익을 내는 데 성공하자 이 예상치 못한 일에 친구는 깜짝 놀랄 수밖에 없었다.

그도 그럴 것이 당시 호프만의 비즈니스 관련 지식은 와튼 스쿨에서 배운 이론이 전부였을 뿐, 실전 경험은 전혀 없는 상태였기 때문이다.

호프만의 친구는 그에게 학교 선생을 그만두고 부동산이나 투자 사업을 하라고 적극 권유했고, 호프만은 그 권유를 받아들여서 창업을 했다.

그리고 결과는 대성공이었다.

그의 회사에는 자금을 지원해주겠다는 제안을 거절해야 할 정도로 많은 투자가들이 쇄도했다.

나는 그 회사의 고문을 3년 정도 지내면서 '유대 상법'의 무서움을 여러 번 목격했다.

그는 철저한 이론을 근거로 신규 사업에 대한 가설을 세우고, 그 가설을 바탕으로 비즈니스 모델과 계획을 만든 다음, 도입과 테스트, 개선을 거듭하며 완벽한 시스템을 완성시켰다. 그것도 단기간에 말이다.

이렇게 사업 면에서 유대인은 아주 철저하고 냉철한 성향을 지녔지만 그게 다는 아니다. 한편으로는 의리를 중시하고 인정이 있으며, 기본적으로 무척 부지런하다. 그러니, 적으로 돌리면 무섭지만 내 편으로 만들면 천하에 무서울 것 없는 아군이 될 수 있다.

유대인은 상업에 탁월한 재능이 있어 배울 점이 무척 많다. 특히 성실함과 꾸준함, 대담함을 능수능란하게 조화시키는 능력이 일품이다.

이는 다른 민족은 좀처럼 따라 할 수 없는 고난도의 기술이다. 아마도 뛰어난 균형감각 덕분일 것이다. 다시 말해, 위험관리에 철저하고 객관적이면서 합리적인 동시에, 현실주의에 입각해 비즈니스를 추진하는 우수한 두뇌의 소유자들이 바로 유대민족이다.

신뢰할 수 있는 우수한 유대인과 함께 비즈니스를 하면 수익도 내면서 그들의 사업 방식도 배울 수 있으니, 그야말로 일석오

조는 된다고 해야 할 것 같다. 유대인은 더 없이 이상적인 당신의 비즈니스 파트너가 될 수 있다.

돈 이. 당 신 에 게. 말 하 는. 것 들

: 열일곱

깊고 간절하게 원하라

스스로 돈 버는 데 재주가 없다고 생각하는 사람에게 꼭 추천하고 싶은 것이 있다. 좀 이상하게 들리겠지만, 돈을 벌 수 있게 해달라고 매일 아침저녁으로 기도하는 것이다.

미국에서 나는 30여 명의 대부호를 비롯한 기업가들과 교류할 기회가 있었다. 그 중 몇 명은 사적으로 깊은 친분을 갖기도 했다.

그때 나는 드문 기회다 싶어 그들이 성공한 비결을 주의 깊게

들여다보았다. 그리고 그들의 행동에 특이한 공통점이 있다는 것을 발견했다.

그 중 하나는 꿈이나 목표가 생기면 그것을 달성할 수 있도록 매일 아침저녁 진심으로 기도한다는 점이다. 처음에는 참 황당해 보였다.

종교적인 이유가 있는 것도 아니고, 그저 목표를 향해 빌면 이루어진다는 건가 하고 말이다. 그러나 이는 엄연한 사실이다. 그들은 이미 여러 차례 그렇게 간절한 기도로 목표를 이루고 있었다.

우리 대부분은 기도의 위력을 경험한 적이 없다.

그러나 대부호들의 생활을 들여다보면 기도는 성과를 내는 매우 강력한 마인드 컨트롤 중 하나임에 틀림없다. 기도의 대상이 예수든 부처든 자신의 조상이든 상관없다.

성공한 이들이 매일 아침저녁으로 기도하는 데는 이유가 있다. 먼저 하루의 시작인 아침에 돈을 벌 수 있게 해달라고 기도함으로써 그날 하루 돈을 벌려는 집념을 강화한다. 기도가, 아침에 차갑게 식어 있는 머릿속에 염원을 집어넣는 것이다. 그러면 무의식중에 돈 버는 일에 대한 집중력이 높아진다.

그 기도는 돈을 벌 기회가 오는 결정적인 순간에 힘을 발휘한다. 기회를 포착해 내것으로 만들겠다는 마음이 생기는 것이다. 심리학에서 말하는 '조건반사'처럼, 돈 냄새가 나는 순간, 열정이 끓어오르며 돈을 벌 수 있는 집중력이 증대된다.
그리고 밤에 잠자리에 들기 전에도 다시 한 번 기도한다.
이때는 올바른 기도를 해야 한다. 여기서 올바른 기도란 탐욕으로 기도하지 않고, 고요한 마음으로 모두에게 도움이 되는 진정으로 이루고 싶은 것, 달성하고 싶은 것을 비는 것이다. 그저 기도하고 기도하고 또 기도하면서 말이다.
신기하게도 이렇게 올바른 자세로 기도하면 '보은감사報恩感謝'의 마음이 솟아오르기도 한다.
'보은감사'는 과거에 신세를 졌던 사람, 지금 자신을 도와주는 사람에게 감사하고 은혜에 보답하고자 하는 마음을 말한다. 기도를 통해 마음 깊숙한 곳에서 고맙다는 생각이 솟아나 그 은혜에 보답하려고 노력할 에너지가 생기는 것이다.
올바르게 기도를 하면 자연히 주위 사람과 신세를 진 사람의 행복을 비는 순수한 마음이 몽실몽실 피어나니 참으로 신기한 일이다.

그래서 기도하는 사람은 인성과 인격이 성숙해지고 많은 사람에게 호감과 존경을 받게 되는 모양이다.

그러면 주위에 당신을 지지하는 사람이 많아져 여러 가지 면에서 그들의 도움을 받을 수 있게 된다. 자연히 일도 더 잘 풀리기 시작한다.

의심스럽다면 직접 시도해보라. 다만 잠깐 하다가 포기하지 말고 결과가 나올 때까지 계속해야 한다.

얼마 안 가 성과가 나오는 사람도 없진 않지만, 대부분의 사람은 꿈과 목표를 실현하는 데 시간이 걸린다. 이는 규칙적으로 진심을 다해 기도하는 습관이 들지 않았기 때문인데, 순수한 마음으로 빌 수 있게 되기까지는 시간이 꽤 걸린다.

돈.이.당신에게.말.하.는.것.들

:

열여덟

따르고 싶은 인격을 길러라

어느 지인의 소개로 골프장 개발·운영 사업으로 대성공을 거두어 부호가 된 클럽 코퍼 인터내셔널CCI의 창업자 로버트 데드먼 회장과 만난 적이 있었다. 기업 경영에 관한 가치관에서 공감대를 형성한 우리는 순식간에 의기투합했고, 나는 CCI의 고문으로 그의 사업을 돕게 되었다.

나는 데드먼의 삶을 사는 자세를 좀 더 배우기 위해 어느 날 그의 강연회에 참석했다. 그런데 강연이 끝나자 한 젊은이가 이런 질문을 했다.

"어떻게 하면 회장님처럼 돈을 많이 벌어서 부자가 될 수 있을까요?"

"사람들은 저마다 방법이 다르겠지만 저 같은 경우, 아무것도 내세울 만한 게 없어서 오직 인격을 닦는 데 전념했습니다. 지금도 아직 멀었습니다만……."

의외의 답변에 강연장은 물을 끼얹은 듯 조용해졌다. 데드먼은 상당한 수완가로 알려져 있었으므로 아마 그 젊은이는 기술적인 방법론이나 노하우를 가르쳐주리라 생각했을 것이다. 그러나 그에게 돌아온 답변은 '인격을 갈고 닦으라'는 것이었다. 지극히 고지식한 데다 돈을 버는 일과는 직접적으로 연관도 없어 보이는 답변이었다.

그러나 나는 그 답변을 이해할 수 있었다. 그동안 대부호를 만날 기회가 있을 때마다 나 역시 비슷한 질문을 했고 항상 같은 답변을 들었다.

'인격이 돈을 부른다'는 말은 어쩌면 동서고금을 막론한 돈의 법칙인지도 모른다는 생각까지 들게 만들었다.

인격자로 불리는 사람 중에 돈 문제로 고생하는 사람을 본 적이 있는지 생각해보라. 그들은 설사 돈 때문에 곤란해져도 주위 사람들이 못 본 척하지 않고 반드시 손을 내밀어주기 때문에 고생할 일이 없다.

인격자는 사리사욕이나 소유욕을 냉철하게 다스리므로 돈에 대한 집착도 덜하다. '돈은 돌고 도는 것'을 요소요소에서 몸소 보여주는 것이다.

실제로 데드먼도 돈을 벌려는 목적에서가 아니라 자신의 경영철학이 올바른지 검증해보고 싶은 동기에서 사업을 시작했다. 그래서 과감히 변호사라는 고소득 직업을 버리고 창업의 길을 택했다. 그는 생활비 정도의 수입만 있으면 그 이상의 돈을 버는 일에 전혀 흥미가 없었다고 한다.

다만 그는 자신을 지지하고 응원해주는 사람들에게 보답하는 의미에서 창업 이래 쉬지 않고 오로지 일에만 매진했다.

그 결과 사업에서 어마어마한 성공을 거두었다.

그리고 그는 세상을 떠나기 직전, 유족들이 얼마간 생활할 수 있을 정도의 돈만 남기고 모든 자산을 대학과 병원, 자선단체에 기부했다.

이미 소개했지만 미국의 저명한 투자가이자 세계적인 부자 워렌 버핏은 약 310억 달러를 마이크로소프트의 빌 게이츠 회장 부부가 설립한 '빌&멜린다 재단'에 기부했다. 그의 재산 약 440억 달러 중 80퍼센트가 넘는 금액이다.

물욕이 없는 인격자에게는 돈이 모이고 그렇게 모인 돈은 세상과 사람들을 위해 사회에 환원된다. 참으로 본받고 싶은 삶의 자세가 아닐 수 없다.

그런데 사실 이 가치관은 누구에게나 적용될 수 있다. 인격을 갈고 닦을수록 돈은 모이기 쉬워진다는 보편적인 법칙이 작용하기 때문이다.

당신이 진정한 인격자인지는 다른 사람들에게 신용도를 확인해보면 알 수 있다. 주위 사람들의 신뢰를 받고 있다면 돈을 모으거나 버는 일은 결코 어렵지 않다. 열정과 신용을 가지고 매진하면 돈을 빌려주는 사람이나 출자하는 사람, 또 당신의 상품과 서비스를 구매하는 사람도 생각보다 쉽게 등장할 것이다. 그다지 훌륭한 인격자가 아닌 나조차 사업을 시작할 때마다 주위 사람들에게 든든한 응원을 받고 매번 5억 엔(한화 약 70억 원) 이상의 자금 원조를 받았다.

돈을 버는 데 인격을 갈고 닦는 일이 얼마나 중요한지 이해하지 못하는 사람은 전략이나 노하우, 기술, 비즈니스 모델 등 이론과 기술적인 면에 우선순위를 둔다.

그러나 사람들은 본받을 만한 이에게, 그런 사람이 하는 일에 돈을 지불하고 응원하고 싶어 한다.

돈 이. 당 신 에 게. 말 하 는. 것 들
: 열아홉

주고 또 주어라

나는 책과 강연에서 '주고 또 주고'의 중요성을 기회가 있을 때마다 강조한다. 비단 돈뿐만이 아니라, 그것은 인생의 숭고한 비결이라고 생각하기 때문이다.

'주고 또 주고'는 대가 없이, 자신이 할 수 있는 범위 안에서 지속적으로 타인을 격려하고 돕는 위대한 실천이다. 그것은 진심으로 상대방의 행복과 성공을 빌어주는 행동이다.

물론 상대가 순수하고 정의로우며 진실하게 사는 사람이라는 전제가 깔려 있다.

"나한테 여유가 없는데 그런 일을 어떻게 하나요?"라는 질문을 자주 받는다. 하지만 그렇게 하겠다고 결심만 하면 얼마든지 가능하다. 여유는 마음에서 생기기 때문이다.

아무리 돈과 시간이 남아도 마음에 여유가 없으면 타인을 격려하거나 응원할 수가 없다. 항상 제 코가 석 자이기 때문이다.

여기서 핵심은 자신이 줄 수 있는 범위에서 최대한 주는 것이다. 애초부터 무리한 일이나 불가능한 헌신을 하라는 말이 아니다. 현재의 당신이 할 수 있는 만큼 성의를 다하면 된다.

사실 이렇게 '주고 또 주고'를 실천하면 운이, 특히 재운이 좋아진다. 이것은 나 자신과 친구들이 직접 겪은 일이니 의심할 여지가 없다. 그래서 나는 이것을 '주고 또 주고 법칙'이라고 내 마음대로 부르고 있다.

왜 '주고 또 주고'를 실천하면 운이 좋아질까?

언제나 듣는 질문이지만 그 대답은 아주 간단하다. 당신의 격려를 받은 사람, 지원을 받은 사람, 또 그 과정을 지켜본 사람이 당신의 말과 행동에 감동한 나머지 당신을 존경하는 팬이 되기 때문이다.

그들은 당신이 행복하길 바라고, 당신에게 은혜를 갚기 위해서 어떻게 하면 좋을지 항상 생각한다.

그러면 좋은 정보와 좋은 사람이 당신 쪽으로 모인다. 그것이 결과적으로 운, 나아가 재운을 끌어당긴다.

결국 장기적인 안목으로 보았을 때, 돈은 사람을 소중히 여기는 곳으로 모인다. 사람을 소중히 대하는 사람은 돈도 소중히 다룬다. 그런 사람은 모든 일에 감사하는 마음을 지니고 있다. 결국 뭐든지 소중히 대하는 것은 어떻게 보면 당연하다고 할 수 있겠다.

당신이 '주고 또 주고'를 실천함으로써 당신의 팬이 된 사람들은 그렇게 당신의 행복과 성공을 빌어줄 것이다. 그런 긍정적인 에너지가 결집되어 당신을 지켜주고 강하게 만들며 자신감을 부여해준다.

그뿐 아니라 당신도 '주고 또 주고'를 실천함으로써 세상과 사람들을 위해 사는 태도의 중요함을 배울 수 있다. 그 결과 당신 스스로 '주고 또 주고'를 더 강도 높게 실천하게 된다.

이 법칙으로 당신의 인생은 최고의 선순환이 이루어지며, 부단히 긍정적인 방식으로 삶을 이끌어갈 것이다. 이쯤 되면 사실 돈은 삶의 영역에서 크게 문제가 되지 않는다.

내가 여러 차례 위기를 극복할 수 있었던 것도 이 법칙을 나름대로 실천했기 때문이 아닌가 싶다.

'이번에는 정말 끝장일지도 모르겠군.'이라고 생각했을 때, 평소에 내가 '주고 또 주고'를 실천하는 것을 보아온 지지자가 도움의 손길을 내밀었다. 그것도 몇 번씩이나.

어떤 사람은 몇 억 달러를 선뜻 내밀기도 했다. 덕분에 위기를 극복하고 무너지기 직전이었던 사업도 크게 성장했으며, 그에 대한 보답도 가능했다.

돈 이 . 당 신 에 게 . 말 하 는 . 것 들
: 스물

마음을 넉넉하게 써라

'곳간의 재물보다 몸의 재물이 낫고, 몸의 재물보다는 마음의 재물이 낫다.'

돈과 재산보다는 몸의 건강이 더 중요하고, 그보다 더 중요한 것은 마음의 건강임을 의미하는 말이다. 아무리 돈이 많아도 마음이 넉넉치 못한 사람은 다른 사람에게 좋은 평가를 받지 못하며, 아무도 그에게 진심으로 대하지 않는다.

라이브도어의 호리에 다카후미 전 사장은 "돈으로 사지 못하는 것은 없다."고 큰소리를 쳤다. 존경받는 부자가 그 말을 들었다면 세상 물정을 몰라도 너무 모른다고 비웃었을 일이다. 호리에 사장은 분식회계와 사기로 징역형에 처해졌다.

세계 최고의 대부호였던 월마트의 창업자 샘 월튼이 어떤 회사를 매수할지 검토했던 적이 있었다. 그는 당시 월마트의 고문으로 일하던 나에게 이렇게 귀띔했다.

"아무리 돈을 많이 제시해도 사람의 마음을 살 수는 없네. 사람의 마음처럼 마음대로 안 되는 게 또 있겠나? 그래서 나는 매수 기업의 직원들이 우리가 그 회사를 매수한 후에도 변함없이 열심히 일해 줄지 확인하는 일이야말로 가장 먼저 고려할 점이라고 생각하네."

이것이 바로 세계 최고의 부자가 내게 깨우쳐준 돈의 한계성이다.

바꿔 말하면 '마음의 재산을 제일'로 치면 곳간의 재물은 자동적으로 따라온다는 의미다. 마음이 넉넉하면 돈이 찾아온다는 말이다. 돈은 그렇게 마음이 넉넉한 사람에게 모인다. 마음을 끌어당기는 힘이 곧 '돈을 끌어당기는 힘'인 셈이다.

돈 이 . 당 신 에 게 . 말 하 는 . 것 들
:
스물하나

가까이에서 지혜를 빌려라

일시적으로 돈을 벌었다 해도 그 이후에 지속적인 수입이 없으면 다시 돈 문제로 고생하는 건 시간 문제다.

문제는 일시적이고 단발적인 수입 대신, 자동적이고 장기적으로 돈이 들어오는 시스템, 즉 비즈니스 모델이나 플러스 현금흐름이다.

그런데 대부분의 사람들은 이것을 이론으로만 알고 있을 뿐, 실천하는 방법을 잘 모른다. 지속적이고 자동적으로 돈을 버는 시스템을 만드는 것이 그만큼 어렵기 때문이다.

지혜를 내지 않으면 어떤 아이디어도 나오는 법이 없다. 중요한 점은 혼자가 아니라 여러 사람의 지혜다. 여러 사람의 말과 지혜를 모으는 것이다. 당연히 실행에 옮길 때도 여러 사람의 협조가 필요하다.

월마트의 샘 월튼, 마이크로소프트의 빌 게이츠, 마쓰시타전기(현 파나소닉)의 마쓰시타 고노스케, 소니의 이부카 마사루, 혼다의 혼다 소이치로, 교세라의 이나모리 가즈오, 이토요카도(현 세븐&아이홀딩스)의 이토 마사토시, 소프트뱅크의 손정의의 공통점은 무엇일까? 세계적 기업의 창업자이자 경영자들이라는 건 모두가 아는 사실이다.

그들은 다름아닌 시스템 구축의 명인들이다.

그러나 그들조차 혼자서 시스템을 구축하지는 못했다. 그들이 성공할 수 있었던 것은 주위 사람들의 지혜와 협력 덕분이었다. 그들은 주변 사람들의 협력이 있어야만 시스템이 완성된다는 것을 아주 잘 알고 있던 사람들이다. 그렇기에 성공한 뒤에도 사람들에 대한 감사의 마음을 잊지 않는 것이다. 그들의 사회 공헌과 기부 행동을 보면 그들이 얼마나 사회와 사람들에게 감사하는 마음을 갖고 있는지 짐작할 수 있다.

자동적으로 돈이 들어오는 시스템은 사람을 규합하고 그들의 지혜를 빌리는 데서 시작되었다. 어느 누구도 아닌 지금 당신 주변에 아주 가까이 있는 사람들에게 감사하면서 함께 시스템을 만들어보라. 거대한 미래의 출발점이 될지 누가 부인할 수 있겠는가.

그리고 성공을 거둔 후에는 반드시 그들에게 보답하라. 보답이 없으면 지혜도 흩어져 힘들게 만든 시스템도 한순간에 힘을 잃고 만다.

마이클 델과 빌 게이츠는 마치 부채를 갚듯 은혜를 갚는 사람들이다. 그들을 도운 건 멀리 있는 성자나 저명한 리더가 아니었다. 같은 마을의 친구, 함께 공부한 동료, 동네 도서관이야말로 그들의 사업 파트너이자 인생 멘토들이었다.

돈 이. 당 신 에 게. 말 하 는. 것 들
: 스물둘

돈 관계가 깨끗한 사람만 거래하라

아마 한두 번은 그런 경험을 해보았을 것이다. 돈 관계가 지저분한 사람과 거래해본 경험 말이다. 그런 사람과 거래를 하면 불쾌한 것은 물론 고통스럽다. 반드시 문제가 발생하기 때문이다. 그 사람이 돈을 잘 벌건 아니건 상관없이 말이다.

그런 사람과 거래를 하면 이쪽의 금전 감각이 변질되기도 한다. 그들의 공통점이 바로 거짓말을 밥 먹듯이 하고, 꼭 써야 하는 곳에 돈을 쓰지 않기 때문이다.

어떤 일에 잠깐 관련되었다는 것만으로 돈을 요구하는 협잡꾼 같은 사람이나, 함께 식사했는데 카운터에서는 슬금슬금 멀어지는 사람, 툭하면 이건 얼마를 번다는 둥 매사를 돈으로 환산하는 사람은 일단 의심해볼 필요가 있다. 그들은 자신의 그런 행동이 자신의 평가를 얼마나 깎아먹는지 도통 깨닫지 못한다. 아무리 돈 관계가 깨끗한 사람이라도 돈 관계가 지저분한 사람과 자꾸 만나면 알게 모르게 영향을 받게 된다. 자신은 그럴 의도가 없지만 생각과 가치관이 점점 그 사람과 비슷해지는 것이다. 이러한 현상을 옛사람은 날카롭게 지적했다.

'근묵자흑近墨者黑', 먹을 가까이 하면 검어지듯이, 나쁜 사람을 가까이 하면 덩달아 물이 든다는 말이다.

반대로 돈 관계가 깨끗한 사람과 교류하면 돈의 신의와 가치를 잘 알게 된다.

그들의 돈을 버는 방식과 그것을 쓰는 방식은 배움의 차원을 넘어 감동을 일으키기도 한다. 문득 정신을 차려보면 자신도 모르게 그들을 따라 하고 있을 정도로 말이다.

샘 월튼은 돈 관계가 깨끗한 면에서 내가 교류했던 사람들 중에서도 단연 으뜸이었다.

그와의 친분 덕분에 나는 성실하고 깨끗하게 돈을 버는 법을 배웠고, 그 돈을 세상과 사람들을 위해 겸손하게 사용하는 일이 얼마나 중요한지 깨달을 수 있었다.

돈에 대해 행동하는 것을 보면 사람의 품격과 인성까지 알 수 있다. 돈 앞에서는 사람의 본성이 드러나기 때문이다. 따라서 사람을 평가할 때는 이 점을 살펴보는 것이 효과적이다.

누구를 만나든 돈에 대한 깨끗함을, 인간을 평가하는 가장 중요한 기준으로 생각하고 실제로 그 점을 찬찬히 관찰해보라.

아무리 부자나 성공한 기업가일지라도 돈 관계가 깔끔하지 못한 사람은 재운도 없는 사람이다. 재운뿐 아니라 좋은 사람들과 인연을 맺는 인복도 없는 사람이다. 돈은 30년간 내게 말해왔다. 그런 사람과는 절대 교류하지 말라고 말이다.

그런 사람들과 어울리면 언젠가는 당신마저 돈 앞에 비굴한 인간이 될 것이고, 그때는 재운도 당신을 미련 없이 떠난다.

돈 이 . 당 신 에 게 . 말 하 는 . 것 들
:
스물셋

속이느니 속아라

'인과의 법칙'으로 볼 때, 당신에게 가장 나쁜 원인이 되는 행위는 무엇일까? 그것은 바로 남을 속이는 일이다.

세상에는 남을 속여 돈을 빼앗고 의기양양해하는 악당이 존재한다. 남을 속이고 괴롭히는 사람은 미래에 자신이 한 짓 이상으로 괴로워하게 될 원인을 만들지만 그들은 그것을 모른다.

속인 사람의 말로는 언제나 비참하다.

설령 본인은 잊어버렸다 해도 그 기억이 영혼에 새겨져 있어

영원히 무의식의 한 켠에 자리하게 된다. 심할 경우에는 '인과의 법칙'에 따라 세상의 심판을 받기도 한다.
애석하게도 세상에는 남을 속이는 사람이 참으로 많다.

오래 전, 엑스포에 레스토랑을 내고 싶으니 출자를 해달라는 사람이 있었다. 그 사람은 "백퍼센트 이익이 날 테니 안심하십시오."라고 큰소리쳤다.
나는 이익 여부보다는 엑스포에 관련된 비즈니스를 알고 싶은 마음에 그가 필요로 하는 자금의 전액을 출자했다.
그런데 레스토랑 사업은 이익이 나기는커녕 엄청난 적자만 났고, 결국 출자금은 한 푼도 건지지 못했다. 이익이 날 거라고 자신만만하게 장담했던 그도 면목이 없어서인지 엑스포가 끝나기 무섭게 자취를 감추었다.
그 뒤에도 그는 같은 수법으로 다른 사람들을 속여 돈을 모았고, 결국 마지막에는 사기혐의로 여러 사람들과 기업으로부터 고발을 당하는 지경에 이르러 완전히 자취를 감추었다. 지금쯤은 어느 교도소에 들어가 있을 것이다.
그렇게 처음부터 의도적으로 남을 속이는 사람도 있지만, 속일 생각은 전혀 없었는데 결과적으로 그런 모양새가 되는 경우도 있다.

그런 경우까지 포함하면 당신의 주변에서도 그런 일이 꽤 많이 일어나고 있을 것이다. 이런 말을 하는 나도 자신의 경솔한 행동으로 말미암아 본의 아니게 상대방을 속인 꼴이 된 경우가 있었다.

그 일을 생각하면 지금도 참으로 슬프고 죄송한 마음이 든다. 또 대가를 치러야 하는 순간이 오면 기꺼이 심판이 따르리라 각오하고 있다. 나의 경우, 다른 사람을 고통스럽게 했을 때는 어김없이 대가를 치러야 했다.

성실하게 살아가려는 사람이 본의 아니게 남을 속이게 되는 것만큼 괴로운 일도 없을 것이다.

'남을 속이느니 속는 것이 낫다.'

나는 항상 이 말을 마음속으로 되뇌곤 한다. 물론 일부러 속아 넘어가려고 애쓰진 않는다. 그러나 내가 무심코 한 말과 행동이 남을 속인 꼴이 되지는 않는지 항상 주의하고 있다.

그런데 나도 알 수가 없어서 곤란한 경우가 있다. 예를 들어 다른 이가 내 이름을 팔아서 남을 속이는 경우가 바로 그것이다. 남을 속이거나 남에게 속아 넘어가는 일에는 대부분 돈 문제가 얽혀 있다.

30년 동안 비즈니스를 하면서 나는 하나의 결론에 이르렀다. 다른 사람을 속여서 돈을 가로채면 속인 사람은 반드시 돈 때문에 고생을 한다. 가로챈 것 이상의 돈을 잃는 것이다. 참으로 불가사의하지만 그런 일을 여러 번 목격했다.

그러니 의도하지 않게 남을 속이게 된다면 성심성의껏 사과하고 보상을 하라. 얼핏 길어 보여도 실제로는 더없이 짧은 것이 인생이다. 속이기보다는 차라리 속는 길을 택하라.

또 상대에게 속았을 때는 그 사람을 원망하기보다는 그 사람이 그렇게 할 수밖에 없었던 환경과 정황, 심정을 이해하려고 노력하고 속아 넘어간 자신의 어리석음을 반성해야 한다.

그럴 때는 이렇게 생각하라.

'속이지 않고 속아서 다행이다!'라고.

사람의 정직함의 크기가 돈을 끌어당기게 된다.

당신 곁에 포부를 지닌 누군가가 당신을 말 없이 지켜보고 있기 때문이다. 그래서 당신이 어떤 상황에서도 정직한 인물이라는 사실을 알게 되면 그는 기꺼이 당신을 응원하고 함께 가고 싶어 하게 된다.

돈 이. 당 신 에 게. 말 하 는. 것 들
:
스물넷

긍정적인 경계심을 유지하라

미국에서 경영 컨설팅을 하던 시절, 투자자들로부터 5억 달러에 가까운 자금을 모아 일본 애니메이션 관련 사업을 추진한 적이 있었다.

내가 회장이 되어 경영과 재무전략을 맡고, 현지에 있는 애니메이션을 잘 아는 젊은 일본인을 사장으로 앉혀 현장 경영을 맡겼다.

비즈니스 모델 자체는 무척 단순했다. 1990년대부터 미국에서도 급속히 인기를 얻은 일본의 애니메이션과 캐릭터 관련 상품을 소매점과 도매점, 온라인을 통해 판매하는 것이었는데, 당시 유행이었던 '클릭앤모르타르'(Click and mortar, 온라인[Click]과 오프라인[Brick and Mortar]이 결합하여 상승효과를 노린 비즈니스. 미국의 최대 온라인 증권회사인 찰스 슈왑에서 1996년에 처음 모델화했다.-역주)를 도입한 사업으로서 업계에서는 예상보다 더 큰 주목을 받아 상당히 높은 평가를 받았다.

뿐만 아니라 우리의 비즈니스 모델은 일본의 경제학자인 오마에 겐이치가 일본에서 최초로 대대적으로 개최한 '제1회 비즈니스 플랜 콘테스트'에서도 당당히 입상했다. 일본 전국에서 모인 4백 명 이상의 응모작 중에서 뽑힌 것이다.

이렇게 공신력 있는 곳의 인정을 받은 데에 자신감을 얻어 체인점을 내는 오프라인 판매와 인터넷을 통한 온라인 판매에 한층 속도가 붙었고, 맹렬한 기세로 미국 증권사 상장을 향해 나아갔다.

그렇게 해서 상장을 위해, 미국 4대 메이저 회계법인 중 하나인 딜로이트 투쉬 토마츠(Deloitte Touche Tohmatsu, DTT, 일본에서는 토마츠)를 감사법인으로, 메릴린치를 주간 증권회사로 선정해 계약을 진행하는 데까지 이르렀다.

그런데 혈기왕성한 젊은 사장이 내 반대를 꺾고 맹렬한 기세로 미국 전역에 사업 확장을 추진하다가 인력과 자금 부족을 일으키고 말았다.

나는 최대한 사업 확장의 속도를 늦추고 차근차근 진행하는 체제로 되돌려놓았지만, 비극을 막을 수는 없었다. 2001년 미국에서 일어난 9·11 테러 사건으로 뉴욕 본사의 영업활동이 지장을 받기 시작했던 것이다.

게다가 미국 경제가 일제히 악화되어 일반인의 소비가 격감하기 시작했다. 당연히, 없어도 생활에 불편함이 없는 우리 상품은 전혀 팔리지 않게 되었다.

나는 무리하게 사업 확장을 추진하는 사장을 저지한 시점에서 이미 경영방침이 다르다는 것을 절감하고 이사직에서 물러나 그 회사에서 완전히 손을 뗀 상태였다. 그 뒤 9·11 테러 사건이 방아쇠가 되어 회사를 접었다는 보고를 받았다.

그 사업의 실패는 많은 것을 가르쳐주었다.

사업을 시작할 때는 아주 순조롭게 출발했다. 일본을 대표하는 애니메이션이나 캐릭터 사업회사와 제휴하는 데 성공했을 뿐 아니라 출자도 받았다. 그래서 방심했던 것이다.

사업은 잘 풀릴수록 경계심을 늦추지 않고 신중히 추진해야 한다. 그 사업이 끝까지 잘 되리라는 보장이 없기 때문이다. 반드시 막다른 골목에 몰릴 때가 있다.

오랫동안 돈을 벌고 싶다면 우선 사업에, 그리고 그 사업 관련자들에게 긍정적인 의미에서의 경계심을 가져야 한다.

꿈과 목표를 서둘러 이루고 싶은 마음에 무리하게 일을 추진하거나, 상식에 어긋난 결정을 하면 반드시 그 대가를 치르거나 반대급부가 따른다.

나는 예전부터 내가 여는 세미나나 강연회에서 이런 이야기를 해왔지만, 실제로 나 자신이 사업을 해보고서야 그 말의 참뜻을 실감할 수 있었다. 사업이나 프로젝트는 생각과 가치관이 제각각인 사람들이 함께 추진하는 것인 만큼, 구성원의 생각과 가치관을 끊임없이 확인하고 조율하는 작업이 필요하다.

이는 사업뿐 아니라 회사 업무나 인생에도 해당되는 말이다.

돈 이. 당 신 에 게. 말 하 는. 것 들
:
스물다섯

머리가 아니라 가슴으로 판단하라

돈을 버는 것은 그 돈을 지불한 사람이 서비스나 상품에 만족하고 거기에 감사하는 마음의 대가로서 실현되는 것이다.

그러기 위해서는 돈을 지불한 사람이 기뻐하고 만족할 수 있는 제품과 서비스를 만들어야 한다.

감사와 만족을 일으키는 핵심은 무엇일까?

평생 무작정 열심히 제품만 만들면 되는 것일까?

나는 가장 중요한 것은 세상과 사람들을 자신처럼 생각하며 일하는 자세라고 생각한다. 그것이 상대방의 만족으로 이어지고, 정당하게 돈을 버는 수확으로 연결된다.

오직 자신만을 위해 일을 하면, 일이 생각대로 풀리지 않거나 벽에 부딪혔을 때 쉽게 타협하고 더 이상 노력하지 않을 가능성이 높아진다. 다른 사람을 위한 일이 아니니 자신만 포기하면 끝난다고 쉽게 단정해버리기 때문이다. 그래서 가망이 없다고 지레 단념하며, 그 일에서도 쉽게 손을 떼고 만다.

그러나 그것이 가족이나 다른 사람들을 위한 일이라는 인식을 지니면 그리 쉽게 단념할 수는 없다. 모든 이가 결과를 기다리고 있다는 의식이 작용하기 때문이다. 가령 자신의 처자식을 위해 음식을 만드는 일과, 오직 돈을 벌기 위해 음식을 만드는 일 사이에는 하늘과 땅 만큼이나 큰 차이가 느껴질 것이다. 인생의 면면이 이와 비슷하다.

힘겹게 사업을 성공시킨 사람들은 모두 이 과정을 겪었고, 또 그 이치를 잘 알고 있다.

나 역시 지금까지 이익이 날 것이라는 이유만으로 관계했던 사업이나 프로젝트는 하나도 남김없이 실패로 끝났다. 돈만 바라보고 덤빈 일에서는 도무지 열정과 지혜가 솟아나지 않았던 것이다.

그러니 당연히 성공을 위해 지속적으로 노력할 수도 없었다. 지금 와서 생각해보면 그렇게 어정쩡한 태도로 일했는데 일이 잘 풀리는 게 오히려 더 이상하다.

반면 돈벌이보다 사람들을 위해, 머리가 아닌 가슴으로 판단해서 추진한 사업은 처음에는 수익이 나지 않아 힘들었지만 나중에는 크게 성공을 거두었다.

사람에게 기운을 불어넣는 강연 사업은 가슴으로 판단해서 성공한 전형적인 사례였다.

미국에서 강연 사업을 처음 시작했을 때는 100명의 수강생을 목표로 삼았지만, 몇 회가 지나도 5명 이상이 모이지 않았다. 그러나 나는 강연이 사람들을 위한 일이라는 데는 흔들리지 않는 확신이 있었다. 그래서 수강생이 적어 좌절감을 느끼면서도 포기하지 않고 계속했다. 결과는 반년 뒤부터 나타나기 시작했다. 참가자가 10명에서 40명으로, 40명에서 120명으로 점점 늘어나더니 이렇다 할 홍보도 하지 않았는데 입소문을 타고 마침내는 한 강좌 당 1,500여 명이 수강을 하게 되었다.

참가비는 약 370달러. 강연을 한 번만 개최해도 55만 달러라는 매출이 발생했다. 여기서 경비를 제외해도 30만 달러에 가까운 돈이 남았다. 매달 그 강연을 진행했기 때문에 개인 사업치고는 상당한 수입을 얻을 수 있었다.

그런데 애초부터 돈을 목적으로 시작한 사업이 아니었으니, 강연 수입보다는 참가자가 기뻐하는 모습에 더 보람을 느꼈다. 일을 한다기보다는 사람을 돕고 있다는 느낌이 들어 강연을 할 때마다 정말로 행복했다. 나는 그 사업을 일본에 귀국할 때까지 계속했다.

"370달러에 기운이 나고 의욕이 솟으며 인생이 변하니 하나도 비싸지 않아요."

많은 수강자들은 그렇게 감사의 마음을 표현했다.

세상과 사람들에게 도움이 되지 않는 비즈니스는 사회적으로 존재가치가 희박해 자연히 소멸한다.

우리가 오늘도 땀을 흘려가며 열심히 일할 수 있는 것은 그 일이 세상과 사람들에게 도움이 되기 때문이다. 바로 그런 일이 당신에게 충만감을 가져다줄 것이다. 그것은 돈으로 얻을 수 없는 지극히 고귀한 감정이다.

사람들에게 도움이 되는 비즈니스는 성공하기까지 다소 시간은 걸릴지 모르지만, 결국 크게 성장하고 사회적으로도 인정을 받을 가능성이 훨씬 높다는 것을 기억하기 바란다.

돈 이. 당신 에 게. 말 하 는. 것 들
:
스물여섯

포기하려면 시작하지 마라

돈의 흐름에는 재미있는 본질이 있다. 그것은 바로 거의 모든 사람들이 일시적으로는 돈을 잘 벌지만, 그것을 끝없이 지속하는 사람은 적다.

흥겨울 때와 힘겨울 때가 공존하는 우리의 인생처럼, 돈도 잘 벌릴 때와 손해가 날 때가 항상 공존한다. 특히 한 가지 일을 길게 할수록 반드시 손해를 감당해야 할 때가 있다.

그런 상황에서의 사람됨을 두고 옛사람들은 이렇게 표현했다.

'사람의 진가는 상황이 악화되었을 때 나타난다.'

여기서 상황이 악화되었다는 것은 비즈니스는 하고 있지만 돈이 벌리지 않는 경우를 말한다.

그렇게 일이 잘 풀리지 않을 때 흔히들 보이는 반응은 남을 탓하거나 환경을 탓하는 것이다. '사업 파트너가 잘못했다.', '부하 직원이 열심히 일하지 않는다.', '상사가 밀어주지 않는다.', '회사에 인재가 없다.', '좋은 거래처가 없다.', '경기가 갑자기 악화되었다.', '금융기관이 비협조적이다.' 등 변명은 끝을 모른다. 요컨대 긍정적이 아니라 부정적인 반응을 보인다는 것인데, 그러면서도 자신에 대해서는 더없이 관대하니 참으로 곤란한 일이 아닐 수 없다.

그러나 비즈니스가 잘 풀리지 않는 이유를 따져보면 그 원인은 전적으로 자기 자신에게 있다.

한 번 생각해보자. 일이 잘 풀리지 않아서 제일 괴로운 사람은 누구인가? 바로 당신이지 않은가? 이상하게 들리겠지만 사실 일이 풀리지 않는 원인을 만들고 있는 것은 당신 자신이다. 그리고 그 결과 당신 스스로 고통을 겪고 있다.

'인과의 법칙'에 비추어보면 괴로워하는 행위 자체가 잘못된 일이다. 잘못된 행위를 했으니 좋은 결과가 나오지 않아 괴로운 것은 당연하다. 이 악순환을 당장 바로잡아야 하는데, 이 진리에 대해서도 옛사람들은 아주 현명하게 설명하고 있다.

'좋은 일에는 우연이 있고 나쁜 일에는 필연이 있다.'

대개 사람들은 인생에서 나쁜 일은 빈번하게 일어나지만, 좋은 일은 여간해선 일어나지 않는다고 생각한다.
그러나 이것도 마음에 따라 달라진다. 시련도 자기 자신을 개선하는 기회로 받아들일 수 있기 때문이다.
좋은 일을 겪었을 때보다 나쁜 일을 극복했을 때 인생의 실력은 더 붙는다. 나쁜 일을 해결하면서 인간적으로 성숙해지고 보람이 생겨 오히려 즐거워지기도 한다.
그러한 사람을 나는 패자부활전에서 이기는 비결을 터득한 인생의 달인이라고 생각한다.

돈을 버는 데도 패자부활전이 있다.

이때 이기는 비결은 무척 간단하다. 바로 어떤 상황에 빠져도 그 상황이 인간적으로 성숙할 기회라고 여기고 도전을 멈추지 않는 것이다. 사실 포기만 하지 않아도 성공할 확률은 가공할 정도로 높아진다. 당신은 자금이 부족하다고, 경기가 얼어붙었다고, 경쟁업체가 우후죽순이라고 포기할 이유를 늘어놓을지도 모른다. 만일 빌 게이츠와 스티브 잡스가 그런 이유 때문에 자신의 사업을 포기해야 했다면, 그들은 이미 몇 십 년 전에 회사 문을 닫았어야 했다.

나 역시 지금까지 기업을 해오면서 몇 번이고 위기를 겪었다. K.O.당한 패자가 되어 "이번만큼은 틀렸구나······." 하고 포기할 뻔한 사업이 수없이 많다. 끊임없이 새로운 일에 도전했기에 그만큼 패자가 된 적도 많았다.

유니클로의 창업자인 야나이 다다시는 자신의 저서 《1승9패》에서, 하는 일마다 실패했던 경험을 털어놓았다. 나의 경우는 그야말로 '1승99패'의 확률이 아닐까 싶을 정도로 여러 가지 일에 도전했고 실패의 연속이었다. 그럴 때마다 주위 사람들, 특히 부모님은 기가 막혀하셨지만, 그래도 결국에는 끝까지 응원해주셨다. 그분들의 호의에는 정말이지 감사할 따름이다.

회사가 도산 직전까지 몰렸던 적이 있었다.

한 간부 직원의 음모로 금전의 숨통이 막혔는데 2주 이내에 360만 달러 가까운 돈을 마련하지 않으면 끝장인 상황이었다. 더군다나 사장이었던 나는 개인보증까지 서버려서 만약 자금 조달에 실패하면 회사가 도산하는 것뿐 아니라 개인파산을 면치 못할 처지였다.

회사 실적은 그다지 좋지 않았지만, 나는 무조건 자금 원조를 부탁하러 백방으로 뛰어다녔다.

하지만 찾아가는 곳마다 내게 설교만 했지 자금을 내주겠다는 사람은 한 명도 없었다.

거의 체념하려는 상황에서, 예전에 내가 강의했던 나 자신의 말이 떠올랐다.

"위기가 닥쳤을 때, 동요한 나머지 초조함과 걱정에 가득 차 자신이 해야 할 일을 하지 못하는 경우가 많습니다. 그러나 허둥지둥하더라도 인생은 순리대로 흘러갑니다. 해야 할 일을 하지 않아 실패한 다음에 '이렇게 했으면 되었을 텐데, 저렇게 했으면 좋았을 텐데' 하고 후회해봤자 소용없습니다. 그보다는 할 수 있는 일, 해야 할 일을 적어보고 그 모든 일을 실천한 다음, 뒷일은 하늘에 맡겨보면 어떨까요. 그래도 안 되면 하늘의 뜻이니 실패를 받아들이고 패자부활전을 향해 다시 노력하는 것이죠."

나는 할 수 있는 일과 해야 할 일 리스트를 만들었다. 그 중 하나가 '기존 사업으로 자금을 조달할 수 없다면 신규 사업 계획으로 조달하는' 일이었다. 은행과 투자자들은 나의 신규 사업 계획을 보고는 눈 깜짝할 새에 360만 달러를 투자해주었다.

돈 이. 당 신 에 게. 말 하 는. 것 들

스물일곱

인맥을 늘려라

나는 젊었을 때 '돈, 명성, 경험, 실적, 신용, 노하우, 지식 같은 것이 없으면 사업을 일으킬 수 없고, 좋은 결과도 낼 수 없으니 결국 돈도 벌지 못할 것'이라고 생각했다.

그러나 미국에서 직장을 그만두고 경영 컨설턴트로 독립한 후 그 생각은 완전히 착각이었음을 깨달았다.

독립 후 발에 물집이 잡힐 정도로 미국 전역을 돌아다니면서 큰돈을 번 사람들을 만날 기회가 많았다. 특히 성공한 기업가와 고소득 전문가를 주로 만났는데, 그들에게서 발견한 의외의 특징은 무슨 일이든 '남의 힘'을 매우 중요시한다는 점이었다. 그들 역시 처음에는 가진 것이 아무것도 없어 돈을 벌어들이진 못했다. 무일푼 상태인 그들이 오로지 가진 것은 아마도 인맥이었을 것이다.

미국의 대부호들은 내게 이렇게 말했다.

"돈을 버는 데 가장 필요한 것은 남의 힘이라네. 혼자 힘으로는 절대로 뛰어난 결과를 낼 수 없다네."

그러나 힘이 있는 사람에게 힘을 빌려달라고 부탁한들 선뜻 그러겠다고 할 사람은 없다. 그때 필요한 것이 인맥이다. 어떻게 하면 힘이 있는 사람이 타인인 나를 돕게 만들 것인가? 그 힘이 인맥에서 나온다. 나의 경우 인맥을 활용하는 정도에 따라 돈을 버는 힘도 결정되었다.

경제적인 위험을 감수하지 않고도 인맥만으로도 돈을 버는 방법이 존재한다.

나의 예를 들자면, 세미나와 강연회, 교류회, 출판 등이 그런 비즈니스에 해당한다. 이러한 일들은 본업과 병행할 수 있어, 주말이나 밤에 여유 시간을 이용해 해낼 수 있다.

세미나와 강연회, 교류회는 기획을 어떻게 하느냐에 따라 모이는 사람 수가 달라진다.

충분히 아이디어를 짜내어, 다소 비싸더라도 꼭 참석하고 싶게 만드는, 즉 사람을 매료시키는 내용으로 구성하면 사람들은 틀림없이 모여들었다. 재미있고 유익하고 참신한 강의 계획이 완성되면 자신이 직접 청중 앞에서 강의를 해도 되고 그럴 자신이 없으면 강의해줄 사람을 찾으면 된다.

찾아보면 강사가 되어줄 사람은 많이 있다. 기획만 잘하면 얼마든지 매력적인 세미나와 강연회, 교류회 등을 만들어낼 수 있다. 인맥을 동원해서 말이다.

다만 아무리 내용이 좋아도 홍보를 하지 않으면 성공하기 어렵다. 일단 사람들에게 알려야 그들이 찾아올 수 있지 않겠는가. 요즘은 홈페이지나 메일 매거진, 블로그, 트위터, 페이스북 등 SNS를 활용해 신속하게 알릴 수 있으므로 대단히 쉽고 저렴하게 홍보 활동을 할 수 있다. 설사 자신이 그 매체들을 이용할 줄 모른다 해도 가능한 사람을 찾아 함께 하거나 그 일을 아예 맡길 수도 있을 것이다. 이것이 바로 힘이 있는 사람에게 힘을 빌리는 인맥의 지혜다.

그런데 이런 경우 힘을 빌려줄 사람의 의욕을 얼마나 촉발시키느냐가 성공의 중요한 요소다. 그래서 흔히 쓰는 방법이 매출이나 이익의 일부를 배분하는 인센티브를 제시한다. 나도 인센티브제로 전문가의 힘을 빌려 홍보를 하고 세미나와 강연회, 교류회를 개최하곤 한다.

인맥을 활용하면 본업을 풀타임으로 소화하면서 책을 쓸 수도 있다. 나는 20년간의 미국생활을 마치고 일본에 돌아와 7년 전부터 취미 삼아 책을 집필하기 시작했다. 7년 동안 공저와 전자서적을 포함하면 100권 이상의 책을 출판했고, 누계발행 부수도 300만 부를 넘어섰다. 이제 인세로 얻는 수입이 샐러리맨 시절의 총수입을 훌쩍 뛰어넘는다. 사실 나의 문장력은 이렇다 할 수준이 아니지만 힘이 있는 사람, 즉 좋은 편집자와 출판사의 인맥에 힘입어 이 자리까지 올 수 있었다. 진심으로 감사하고 있다.

돈 이. 당 신 에 게. 말 하 는. 것 들

:
스물여덟

집착은 버리고 집념은 키워라

내 친구 중에 회사를 일으켜 크게 키웠지만 안타깝게도 1990년 초, 거품경제 붕괴의 영향을 받아 회사가 도산해버린 사람이 있다. 그는 개인적으로도 5백억 엔(한화 약 6,700억 원)이 넘는 빚을 떠안게 되었다. 그러자 그가 부자라는 이유로 관심을 보였던 사람들은 한 명도 빠짐없이 썰물 빠지듯 그의 곁에서 떠나갔다.

그러나 그는 지금 평생을 일해도 다 못 갚을 만큼의 빚을 갚기 위해 매일 성실하게 조금씩 돈을 벌고 있다.

정말 대단하다고 생각되는 것은, 그가 반성의 의미에서 아무에게도 도움을 구걸하지 않는다는 점이다. 혼자서 모든 책임을 지고, 달아나지도 숨지도 않고 우는 소리 한마디 하지 않으면서 하루하루 담담하게 돈을 벌고 있다.

어느 날 그는 마치 혼잣말처럼 내게 이런 말을 던졌다.

"살아있는 동안에는 이자까지 포함해서 빚 갚는 걸 절대 포기하지 않을 겁니다. 그것이 내가 보여줄 수 있는 성의이자 살아가는 방식입니다."

분명히 그는 빚을 갚을 것이다.

'집념을 가진 사람은 목숨이 붙어있는 한 반드시 결과를 낸다'는 것이 내가 보아온 돈의 본질이기 때문이다.

또 다른 예로, 부동산 사업에 실패하고 12억 달러(한화 약 1조 3천억 원) 이상의 빚을 지고 회사와 본인 모두 파산 직전까지 몰린 미국인 친구가 있었다. 그는 가장 많은 대출을 받은 은행과 교섭해 지불 기간을 연장 받고 부동산 사업에 재도전했다.

그 결과 3년 만에 재건에 성공, 지금은 24억 달러(한화 약 2조 7천억 원)가 넘는 자산을 보유하고 있다.

그렇게 많은 빚을 지면 아무리 패자부활 시스템이 발달된 미국이라도 대부분 일어나지 못한다. 그러나 그는 꺾이지 않았다. 대체 어떻게 그것이 가능했을까?

다시 한 번 돈을 벌겠다는 집념이 그를 좌절에서 일으켜세웠다. 재기에 성공한 그가 어느 날 내게 이렇게 말했다.

"50년간 사업을 해보았습니다만, 사업에 성공하는 비결은 오직 한 가지더군요. 바로 열정으로 충만한 집념입디다."

열정만 잃지 않는다면 어떤 장애물도 뛰어넘어 돈을 벌겠다는 집념이 생긴다는 것이었다.

집념은 지혜를 낳아 놀랄 만한 결과가 나올 때까지 인간은 계속 노력하게 되어 있다는 것이다. 그 말을 듣고 보니 돈을 못 번다는 게 오히려 이상하게 느껴졌다.

일본식 전통 주점 프랜차이즈 업체인 와타미의 창업자 와타미 미키 씨는 대학을 졸업하자마자 사업을 계획했다.

먼저 자금을 모으기 위해 택배회사에서 1년 반 동안 강도 높은 노동을 견디며 일한 끝에 당시 유한회사를 설립하는 데 필요한 자본금 3백만 엔(한화 약 4천만 원)을 모을 수 있었다. 시간을 더 들였다면 좀 더 편한 방법으로 자금을 모을 수 있었겠지만, 그에게는 가능한 한 빨리 회사를 세우겠다는 열정이, 미루는 것을 허락치 않았다. 열정은 어느새 집념으로 변화해 가혹한 노동 환경을 견딜 수 있게 해주었다.

다시 내 이야기를 좀 하면, 나는 고등학교를 졸업했을 때 곧바로 미국의 대학으로 유학을 가고 싶다는 꿈이 있었다. 부모님은 당시 가정 형편이 좋지 않았음에도 내 꿈을 이루어주기 위해 친지들에게서 어찌어찌 돈을 모아 유학에 필요한 초기자금 100만 엔(한화 약 1,400만 원)을 마련해주셨다.

그런데 세상 물정 모르는 고3이었던 내가 악질적인 유학알선업체에 속는 바람에 한순간에 그 소중한 돈을 모두 빼앗기고 말았다. 설상가상으로 그 업체가 고의부도를 내버려 나의 돈은 영원히 돌려받지 못하게 되었다. 그 사실을 아신 부모님은 충격으로 자리에 누우셨다.

그런 일을 당하고 나서 나는 '무슨 일이 있어도 내 힘으로 유학자금을 벌고야 말겠다'는 '집념의 사나이'로 돌변했다. 대학 진학을 일시적으로 단념하고 철공소에서 중노동(보통 두 사람이 감당하는 하루 16시간 근무)을 하여 반년 만에 300만 엔을 모은 것이다. 유학을 가고 싶다는 열정과 사기당한 돈을 반드시 벌어서 모으겠다는 집념으로 말이다.

철공소를 그만둘 때 그곳 소장이 내 눈은 항상 벌겋게 충혈되어 있었다고 말할 정도였다.

개인적인 경험에 비추어 봐도 진심어린 집념만 있다면 어떤 일도 가능하다는 확신이 든다.

다만 잊어선 안 되는 것이 있다. 돈을 벌려면 인내와 노력이 필수라는 사실이다. 집착은 꼼수를 낳는다. 하지만 집념은 열정을 확산시킨다.

노력하는 과정에서 시간과 자유가 희생되거나 다른 무언가를 잃기도 한다. 편하게 돈을 버는 방법은 어디에도 없기 때문이다.

돈 이 . 당 신 에 게 . 말 하 는 . 것 들
:
스물아홉

'고마움'을 모아라

어느 날 강연이 끝나고 한 수강자로부터 질문을 받았다.
"어떻게 해야 돈을 벌 수 있을까요?"
그 질문에 문득 옛 시절이 생각났다.
나 역시 20년 전, 당시 고문을 맡고 있던 돈벌이의 천재에게 완전히 똑같은 질문을 했기 때문이다. 월마트를 만들어 세계 제일의 부자가 된 샘 월튼은 당시 나의 질문을 받자 이렇게 대답했다.

"자네가 한 질문을 지금까지 수없이 받아왔다네. 하지만 내 고문인 네이트(나의 미국 이름이다)한테까지 질문을 받으리라고는 예상하지 못했어. 난 그 질문에 항상 똑같은 대답을 한다네. 결론부터 말하자면 난 돈을 번다는 것은 '고마움'이 모인 결과라고 생각하네."

월튼처럼 큰돈을 번 적이 없었던 나는 그의 대답이 피부에 와 닿지 않았다. 그래서 이렇게 되물었다.

"네? 누구한테서 어떻게 '고마움'을 모은다는 거죠?"

"자네의 주위 사람들 모두에게서 비즈니스를 통해 '고마움'을 모으는 걸세."

"주위 사람들 모두요? 구체적으로 누구를 말씀하시는 겁니까?"

"고객, 종업원, 거래처, 은행 등 자금을 제공해주는 금융기관, 또 그들의 가족이나 친구들, 요컨대 월마트에 관련된 모든 사람들을 말하지."

"그러면 그 사람들로부터 비즈니스를 통해 '고마움'을 모으려면 어떻게 해야 할까요?"

"성심성의껏 자신이 할 수 있는 한 그들에게 필요한 것을 제공하는 걸세. 그것도 가족처럼 친근한 태도로 말이지. 나는 그걸 '월마트 패밀리로 맞이한다.'고 말하지. 그렇게 하면 그들은 나의 성실한 태도를 높이 평가하고 감사하게 되네. 그 결과 마음속 깊이 '고마움'을 느껴 기꺼이 돈을 지불하고 월마트에 도움이 되는 일을 해준다네. 반복적으로 우리 상품을 구매하거나 우리 사업을 지원하고 도와주기도 하지. 즉 돈을 번다는 것은 매일매일 그렇게 착실하게 조금씩 봉사하는 거라네. 돈을 벌지 못하는 사람들의 원인도 바로 이것이라네. 이 단순한 반복이 없기에 지속적으로 돈이 벌리지 않는 거라네. 모든 일은 상대가 고마워할 정도로, 상대가 원하는 것이라면 무엇이든 열심히 제공하는 태도에서부터 시작된다네."

이 이야기를 듣자 하늘이 열리는 기분이었다. 나는 곧바로 '돈을 버는 것은 고마움이 모인 결과'라고 크게 써서 여기저기 붙여놓았다. 그것을 나의 좌우명으로 삼기 위해서였다. 결국 그 좌우명이 나의 비즈니스를 크게 도와주었다.

실제로, 단순히 돈을 벌 목적으로 덤빌 때는 잘 해결되지 않던 일들이 생각을 바꾸자 귀신에 홀리기라도 한 듯 풀리기 시작했다. 월튼의 말처럼 관련되어 있는 모든 사람에게서 '고마움'을 모으려 노력해야 돈을 잘 벌게 되리라는 생각을 수없이 되새겼다. 한동안 무척 고생스러웠지만 보람과 충만감은 고생을 고생으로 느끼지 않게 해주었다.

돈 이. 당 신 에 게. 말 하 는. 것 들
:
서른

목적으로 생존하라

우리는 각자의 목적을 가지고 돈을 번다. 목적은 무엇이든 단기적으로 돈을 버는 데는 별 영향을 끼치지 못한다. 다만 장기적으로 봤을 때는 얘기가 달라진다.

부정행위를 해서 일시적으로 돈을 버는 사람도 있지만, 그런 비즈니스는 필연적으로 무너지거나 법의 심판을 받는다.

지금까지 강조해온 것처럼 돈을 버는 목적이 세상과 사람들에게 도움이 되는 비즈니스일수록 생존 확률은 매우 높아진다.

가령 불경기에는 재활용 비즈니스가 세상에 도움이 되는 비즈니스 1위를 차지할 것이다. 아직 쓸 만하지만 필요 없게 된 물건을 보관하는 데 드는 수고와 공간, 비용 등을 생각하면 재활용품은 누군가에게 팔거나 주지 않는 한 쓰레기통에 버리는 게 낫다. 하지만 요즘에는 대형 쓰레기나 환경에 해로운 물건은 처리하기도 쉽지 않다. 재활용 업자가 되어 그러한 중고품을 거래하면 모두에게 도움이 되는 비즈니스를 하는 셈이다.

더 나아가 그 물건을 원하는 사람에게 저렴하게 팔면, 구입하는 사람도 비용절감 효과를 보게 된다. 그야말로 세상과 사람들을 위한 윈윈 전략이다.

오랫동안 탄탄하게 수익을 내는 비즈니스는 예외 없이 세상과 사람들에게 도움을 주는 것뿐이다. 그런 면에서 재활용 비즈니스는 앞으로 점점 더 늘어날지도 모른다.

헌책방이 쇠퇴하고 있었을 무렵, 일본의 중고책서점 북오프는 오히려 헌책을 더 쉽게 사고팔 수 있는 시스템을 구축해서 이용자들을 만족시켰다. 그 결과 북오프는 단기간에 급성장했고 상장도 할 수 있었다. 설마 헌책방 사업으로 상장하리라고 누가 예상했을까? 그러나 북오프는 필요 없는 책을 팔거나 처분하고 싶은 사람과, 책을 싸게 사고 싶은 사람의 니즈를 동시에 충족시켰다. 그것은 세상과 사람들을 위한 비즈니스임에 분명했다.

장기적으로 돈을 벌고 싶다면 단순히 돈을 버는 것만 생각하지 말고, 정말로 유익한 일인지 치밀하게 따져보라. 크게 성공한 사람은 모두 그렇게 했다.

월마트의 샘 월튼, 클럽 코퍼 인터내셔널의 로버트 데드먼, 트러멜 클로의 트러멜 클로, 델의 마이클 델, 소니의 이부카 마사루와 모리타 아키오, 혼다의 혼다 소이치로, 마쓰시타(현 파나소닉)의 마쓰시타 고노스케. 그들은 언제나 세상과 사람들에게 도움이 되는 비즈니스에만 도전했다.

그렇게 자신의 인생을 건 결과, 사람들의 감사와 평가를 받고 그들 기업은 사회의 일원으로 받아들여졌다.

그리고 창업 정신은 후계자에게 고스란히 계승되었다.

'무엇을 위해 그 비즈니스로 돈을 버는가'를 명확히 하라.

구체적으로는 누구를 위해(대상), 무엇(상품이나 서비스 등)을 어떻게 제공할지(방법) 분명히 하고, 자신이 왜 그 일을 해야 하는

지(열정의 정도도 포함해서) 확인하라.

느릿느릿 멀리 돌아가는 것처럼 느껴질 수 있지만, 실천해보면 이것이야말로 성공을 위한 가장 가까운 길임을 이해할 수 있다.

돈 이. 당 신 에 게. 말 하 는. 것 들

서른하나

단기투자의 함정을 피하라

주식투자의 본질은 회사의 주식을 매수하여 그 회사에 자금을 제공함으로써 사업의 발전과 실적 향상을 지원하는 데 있다.
즉, 회사의 기업 가치를 높여주는 것이다.
주식투자는 대항해시대(15세기 초부터 17세기 초까지 유럽의 배들이 세계 곳곳의 바다를 누비며 대륙 간 항로를 개척한 시대—역주)에 활약한 배에게 장기투자를 했던 것이 그 기원이다.
배가 출항하려면 도저히 혼자서는 부담할 수 없을 만큼 막대한 돈이 필요했다. 그래서 그 배에 투자하고 싶은 사람에게 출자를 받고, 대신 주식을 양도하여 보유 주식 수만큼 항해 사업에 따른 이익을 분배했다.

처음에는 항해가 끝날 때마다 출자를 받은 원금과 항해에서 번 이익금을 투자자에게 돌려주는 형식으로 정산했다.

그러나 항해 사업을 지속적으로 하여 돈을 벌게 되자 그때그때 정산을 하지 않는 대신, '주식회사' 형식으로 바꾸었다. 다시 말해 투자자는 일단 출자를 해서 주식을 취득하고 일정 기간(1년) 내에 이익이 나오면 주식 수를 근거로 이익을 할당하는 '배당' 형식을 취하게 된 것이다. 따라서 회사가 망하거나, 청산되거나, 보유자가 매각하지 않는 한 주식은 계속 보관되었다.

주식이 탄생한 본질에 부합하려면, 즉 정말로 주식투자로 돈을 벌고 싶다면 이렇게 주식을 장기간 보유해야 한다.

오늘날 주식투자를 하는 개인 투자가들 대부분은 본업이 있거나 직장에 다니고 있다.

하지만 단기 투자로 돈을 벌겠다면 적어도 개장시간 동안에는 회사의 업적과 위험요소, 그날그날 일어나는 상황과 사건 등을 파악하고 분석하여 신속하게 주식을 매매해야 한다. 그러나 이것은 오랜 경험과 방대한 데이터, 최신 시스템을 구비한 전문가만이 할 수 있는 일이며, 그렇지 못한 일반인은 대개 손해를 입는다.

나는 여간해선 상장기업의 주식을 매입하지 않지만 공부 삼아 몇몇 회사에 주식투자를 한 적이 있다. 그들 기업들을 종합적으로 판단하고 싶기도 했고, 주주가 되면 주주총회에 나가 정보를 수집할 수 있는 특권이 부여되기 때문이었다.

다만 나는 투자처에 대한 정보를 최대한 많이 수집하는 것을 원칙으로 삼았기 때문에 종종 보유 주식을 매도할 타이밍을 놓쳐버렸다. 그래서 짧으면 1년, 길면 5년 이상 주식을 보유하곤 했다.

하지만 상장기업에 대한 주식투자로 손해를 본 적은 한 번도 없다. 애초에 투자의 목적이 경영 컨설턴트로서 장기적으로 성장할 회사를 찾고, 그 성장 원인을 더 깊이 분석해 주식을 매수하는 것이었으므로 어쩌면 당연한 결과인지도 모른다.

장기적으로 보면 앞으로 성장할 회사의 주가가 단기적으로 하락하는 일이 있다. 주주 중에는 매일 정보를 입수해 매매하는 단기 투자자도 많아 그들의 심리상태에 따라 주가가 상승하거나 하락하기 때문이다.

그들은 단기적인 판단으로, 주가가 하락할 것 같으면 주식을 매도하고 상승할 것 같으면 매수한다.

그들 중 대부분은 대형 투자자로서 주식을 다량으로 매수하기 때문에 주가가 약간만 변동해도 꽤 많은 수익을 올릴 수 있다.

그렇다면 이 경우에 해당하지 않는 소형 단기 투자자들은 어떨까?

당신이 아마추어 개인투자자라면 전문 지식과 경험, 시스템이 필요한 단기투자는 그만두라고 권하고 싶다. 소액 일반투자자들은 주식시장에서 거의 손실을 입을 수밖에 없다.

그보다는 장래성이 있을 법한 회사의 상품이나 서비스를 직접 구입해보고 가격과 질, 직원의 대응이 좋다면 그 회사 주식을 사는 것도 괜찮다.

최소 1년, 가능하면 3년 이상 보유하겠다는 전제로 말이다. 그런 기업의 주가는 틀림없이 상승한다.

미공개 기업에 투자하는 것 역시 경험과 지식, 정보만 충분히 갖추어져 있다면 상당히 큰 이익을 낼 수 있다.

다만 미공개 기업 투자는 '고위험, 고수익'인 경우가 많으므로 먼저 그 분야에 실적이 있어 신뢰할 수 있는 전문가와 상담할 것을 권한다. 투자 타이밍과 조건에 따라 수익 금액이 크게 달라질 수 있기 때문이다.

돈．이．당．신．에．게．말．하．는．것．들
:
서른둘

미련할 정도로 우직하라

이건 미국인들도 잘 모르는 사실인데, 댈러스 시는 미국에서도 대부호가 가장 많이 사는 지역 중 하나다.

어느 날 책을 쓰기 위해 미국에서 부호가 많은 지역을 조사했더니, 댈러스 지역에 대부호가 가장 많이 거주한다는 사실을 알게 되었다. 미국의 비즈니스 잡지 포브스가 매년 세계의 대부호 리스트를 발표하는데 그 리스트에 이름이 올라간 대부분은 미국인이며, 그중에서도 댈러스에 살고 있는 사람이 가장 많았던 것이다.

미국에서 법인을 세워 독립하고 얼마 지난 후, 나는 수십 명의 대기업가와 대부호의 고문을 맡게 되었다. 처음 그들과 안면을 튼 것은 정치가들이 모이는 어느 파티에서였다.

미국에서 정치가가 되려면 엄청난 돈이 든다. 미국에서는 비즈니스에 성공해서 재산을 모으거나, 어떤 부호를 강력한 후원자로 확보하지 않으면 정치가가 될 수 없다. 아버지와 아들이 대통령을 역임한 부시 일가도 석유 사업으로 막대한 부를 쌓은 부유한 가문이었다.

대기업가와 대부호들을 만나다 보니 자연스럽게 돈을 버는 법칙을 배울 수 있었는데, 알고 보니 그것은 굉장히 단순한 법칙이었다.

한마디로 정리하면, '돈을 벌겠다고 결심한 자만이 돈을 벌 수 있다'는 것이었다.

그들은 우선 돈을 벌겠다고 결심한 후, 철저히 그리고 올바르게 돈을 버는 방법만을 추구했다. 단지 그 집념이 일반인과는 비교도 안 될 만큼 강렬했을 뿐이다.

당신도 돈을 벌 수 있을지 어떨지 고민할 시간이 있다면, 먼저 돈을 벌겠다고 강력하게 결심하고 미련할 만큼 우직하게 할 수 있는 모든 일을 시도해보라.

그럼 구체적인 방법은 무엇일까?

먼저 돈을 벌고 싶은 일이나 사업을 써보라.

그렇게 하려면 무엇을 해야 할지도 써본다.

나 역시 미국생활을 마치고 귀국한 뒤 한동안은 무슨 일을 해서 돈을 벌어야 할지 막막했다.

그러고는 하고 싶은 일이나 사업 구상이 떠오를 때마다 메모를 했다. 나중에 살펴보니 아이디어 수준에 다다른 것만 자그마치 5백 개가 넘었다.

그중에서 원래 본업이었던 경영 컨설팅 이외에 특히 하고 싶었던 일이 집필과 강의였다.

그때까지 책이라곤 한 권도 낸 적이 없던 나였지만, 무슨 일이 있어도 6개월 안에 책을 내겠다고 결심하고 출판을 위해 해야 할 구체적인 행동 계획을 아래와 같이 써보았다.

〈6개월 안에 베스트셀러를 내기 위한 일정〉

① 출판 세미나에 참가 (소요시간 3시간)

② 출판기획서 작성 (소요기간 1주일)

③ 출판사(편집자)에 연락 (소요기간 3주일)

④ 편집자와 기획 검토, 조정, 대조 (소요기간 1개월)

⑤ 집필 (소요기간 1개월)

⑥ 편집 및 인쇄 작업 (소요기간 1개월)

⑦ 출판! (반년 후)

이 내용을 차근차근 실천해 30개 사 이상의 출판사에 연락한 결과 《당연하지만 쉽지 않은 업무의 룰》이라는 처녀작을 세상에 낼 수 있었다. 그 책의 발행 부수는 27만 부를 넘어섰으며, 인세 수입은 3천만 엔(한화 약 4억 원)에 달한다. 나는 그 여세를 몰아 현재 100권 이상의 책을 써서 누계발행 부수 3백만 부 이상을 기록했다.

정리하자면, 먼저 어떤 일이나 사업으로 돈을 벌겠다고 결심을 해야 한다.

그리고 결심을 근거로 해야 할 일을 구체적으로 리스트로 만들어 하나씩 실행해야 한다. 누가 뭐라건, 어떤 방해를 받건 굳건히 그 일을 하면 반드시 열매는 거둘 수 있다.

"한 만큼 돌아오리라."고 돈은 30년 동안 내게 말해주었다. 멈추지 않는 우직한 노력은 당신을 결코 배신하지 않을 것이며, 반드시 자산이라는 모습으로 당신에게 돌아올 것이다.

돈 이. 당 신 에 게. 말 하 는. 것 들

: 서른셋

모방으로 시작해 창조로 마무리하라

어떤 일에서 성과를 내고 싶을 때 가장 효과적인 방법 하나는 성공한 사람을 철저하게 모방하는 것이다.

돈을 버는 원리도 비슷하다. 돈 잘 버는 사람을 철저하게 모방하면 적어도 그 근처라도 도달하기 때문이다.

어떻게 보면 당연한 이야기지만, 알고 있으면서도 막상 실천하는 사람은 드물다. 그래서 대부분의 사람들이 성공할 수 없는 것인지도 모른다.

그러면 왜 이렇게 간단한 일을 실천하지 않는 것일까?

답은 간단하다. 정말 진심을 다해 돈을 벌겠다는 간절함이 아직 덜하기 때문이다. 내가 보아온 대부호들 중에 올바른 방법으로 큰돈을 번 사람은 모두 자기 일에 목숨을 걸고 있었다. 그들과 이야기를 나눠보면 소름이 돋을 정도로 진지한 기운이 느껴진다.

그렇게 자수성가해서 대부호가 된 사람들은 약속이라도 한듯 성공한 사람을 철저하게 모방했다고 말한다.

모방이라고 표현하긴 했지만, 그들은 흉내 내는 수준으로 일하지 않았다. 처음에 모방으로 시작하지만, 결과는 오히려 창의적이었다. 비난 따위는 염두에 두지 않고 목숨 걸고 매달려서 실행한 일은 창의적일 수밖에 없을 것이다. 좋은 결과를 내는 데만 필사적이었기에 외부의 비난 따윈 신경 쓸 겨를 없이, 모방으로 시작해 완전히 새로운 것을 탄생시킨 사람들이었다.

체면이나 세상 사람의 눈을 의식하는 사람에게는 그것이 꽤 힘든 일이다.

돈을 번다는 것은 본래 '폼 잡으며' 할 수 있는 일이 아니다.

미국에서 초창기에는 빈민층이었던 중국 화교나, 나라를 잃고

떠돌던 유대인들을 보라. 그들처럼 투철한 정신으로 무장한 채 외양 따윈 개의치 않고 철저하게 노력하는 민족에게 본토 미국인은 도저히 상대가 되지 않았다. 그들에게는 2차 대전 직후의 일본인에게나 있었던 헝그리 정신이, 아직도 가슴속에 살아 숨쉬고 있다.

하루라도 빨리 성과를 내기 위해 모든 것을 거는 그들을 보면, 이것이야말로 진짜 목적이 있는 삶이며 꿈과 목표를 실현하는 '프로 의식'이라는 생각을 하게 된다.

물론 성공한 사람도 그들 각각의 스타일이 있으니 100퍼센트 따라 한다고 해서 간단히 성과가 나오진 않는다. 성공한 사람을 모방해보면, 자신만의 독자적인 방식이 조금씩 가미되기 시작한다. 법적으로 문제만 되지 않는다면, 왜 남의 것을 따라하냐는 비아냥은 개의치 말고, 언젠가는 완전히 당신만의 창조물이 탄생할 거라는 사명감을 갖고 실행하기 바란다.

당신이 모방해야 할 사람은 포부와 목표를 가진 사람이다.

굳이 유명한 사람이 아니어도 괜찮다. 당신 주변에 포부와 목표를 갖고 도전하는 사람이 있다면 얼마든지 그를 교본으로 삼을 수 있다.

나는 신입사원으로 들어갔던 회사의 상사인 빌 하빗, 그 다음 회사의 상사였던 폴 위버의 일하는 모습에 감동해 내 멋대로 그들을 멘토로 정해 좋은 점을 모방했었다.

두 사람의 공통점은 무조건 회사를 위해 맹렬하게 돈을 번다는 점이었다. 이렇게 표현하면 속물처럼 느껴지겠지만, 그들에겐 높은 포부와 목표가 있기에 결코 추해 보이지 않았다. 그들은 무려 10만 명의 프로페셔널이 있는 회사에서 자신의 부서를 매출 1위로 만들기 위해 동분서주했다.

그리고 그들은 상사를 존경하고 부하를 아꼈다. 그들을 보면 그야말로 '기업은 사람'임을 통감할 수 있었다.

"사람을 소중히 여기는 기업과 조직은 반드시 성장하며 큰 수익을 얻는다."는 교훈은 그들에게서 배운 것이다. 상사나 동료, 부하 직원 등 회사 사람들뿐 아니라 고객, 거래처 등 회사와 조직을 둘러싼 모든 사람들 말이다. 왜냐하면 그들이야말로 회사와 조직, 또 그 곳에 속한 사람을 떠받치는 버팀목들이기 때문이다.

돈.이. 당.산.에.게. 말.하.는. 것.들
:
서른넷

힘들면 웃어라

'소문만복래笑門萬福來'.

웃는 집안에 많은 복이 들어온다는, 되새겨볼수록 의미심장한 말이다. 나는 이 말을 실감한 적이 한두 번이 아니다.

굳이 미국이 아니더라도 이것은 나라를 불문하고 세계적으로 통하는 진리다.

실제로 해외, 특히 미국의 대기업가와 대부호를 만나보면 그들은 웃음을 아끼지 않는다. 어떤 상황에서든 여유 있는 웃음을 보이는 것이다. 심지어 궁지에 빠졌을 때조차 웃는 얼굴로 농담을 한다. 놀라운 일이 아닐 수 없었다.

처음에는 아무래도 내가 그들의 고문이기 때문에 내 앞에서 억지로 괜찮은 척하기 위해 참는 거라고 생각했다.

그러나 그들을 계속 대하다 보니 그 웃는 얼굴이 진짜라는 걸 알 수 있었다.

웃는 얼굴이야말로 이들의 빼놓을 수 없는 공통점이다.

미국에서 나를 고문으로 채용했던 대부호들 중에 리처드 레인워터라는 사람이 있다.

그는 텍사스 주 북부 도시인 포트워스 시에서 레바논계 3세로 태어나 텍사스 대학에서 수학을 전공한 뒤, 스탠퍼드 대학경영대학원(비즈니스 스쿨)에서 MBA를 취득했다.

졸업 후 같은 대학 대학원 시절의 동급생이었던 억만장자 시드 버스로부터 버스 일가의 투자고문을 맡아달라는 의뢰를 받고 4년간 투자은행인 골드만삭스에서 주식 관련 영업을 담당했다.

그렇게 버스 일가의 투자고문으로 일한 15년간, 그는 수많은 대형 투자를 성공시켰다.

그중에서도 5억 달러를 투자해 1984년에 일어난 월트 디즈니의 재무위기를 극복한 일이 가장 성공적이었다.

그 후, 디즈니는 무섭게 성장해 5억 달러의 투자금은 이제 100억 달러에 이르는 가치로 탈바꿈했다.

1986년에 자신의 자금만으로 투자에 전념하기 위해 버스 일가의 투자고문을 퇴임한 그는 지금까지 25년간 수많은 투자를 성공시켜 자산을 30억 달러(한화 약 3조 3천억 원)로 늘렸다.

또한 에너지 서비스 기업을 창업하고 자동제어기기 및 전자통신 시스템 장비 제조회사인 하니웰, 미드오션 리인슈어런스, 텍사스 레인저스 베이스볼 클럽의 주식을 다수 취득했다.

1987년에는 콜롬비아 호스피탈을 설립한 뒤, 호스피탈 코퍼레이션 아메리카HCA와 그 밖의 대형병원 체인을 차례차례 합병하거나 매수하여 338개의 병원에서 180억 달러의 매출을 올리는 세계최대의 병원 경영 회사로 만들었다.

그 뒤 1994년에 설립한 부동산 투자 신탁 회사인 CREECrescent Real Estate Equities, Inc.를 5년 만에 업계 최대 수준으로 키웠다.

이렇게 수완가인 그는 항상 입버릇처럼 "웃는 얼굴이 돈을 부른다."며 만면에 웃음을 짓는다.

사람들과 그의 팬들은 그의 웃는 얼굴이 보고 싶어서 좋은 조건의 거래나 뛰어난 인재를 그에게 소개한다.

어느 날, 그와 단둘이 있을 때 그는 내게 이렇게 말했다.

"네이트(나의 미국 이름), 만약 내가 웃는 얼굴을 잊고 살았더라면 전혀 돈을 벌지 못했을 거야. 사람들이 내게 비즈니스 기회를 준 건 내가 환하게 미소를 지은 덕분이었으니 말이야. 웃는 얼굴의 위력은 실로 대단하다네."

나도 그의 말에 동감한다. 그것도 아주 강하게.

돈 이 . 당 신 에 게 . 말 하 는 . 것 들
:
서른다섯

0에서 시작하라

일본에 돌아오기 직전에 나는 미국에서 번 돈을 거의 모두 자선단체와 복지사업단체, 병원, 학교 등에 기부했다.
당장 필요한 얼마간의 현금 이외에는 값이 나갈 만한 물건도 전부 형편이 어려운 사람들에게 나눠주었다.
사람들은 "굳이 그렇게 전부를 기부할 필요가 있나요?"라며 우려의 눈으로 바라보았다.
그러나 미국에 건너와 1년 동안 노숙자와 실업자, 불법체류자라는 인생의 바닥을 경험했던 나는 '돈은 궁하면 다시 열심히 일해서 벌면 되는 것'이라고 생각했다.

그보다는 그렇게 무일푼인 시절에 나를 도와준 미국과 미국인에게 감사의 증표로서 뭔가 해주고 싶었다.

특히 성실하게 살았는데도 곤란한 상황에 처한 사람들과 아이들을 약소하게나마 응원하고 싶었다. 또, 그것이 기폭제가 되어 일본에 돌아가서도 열심히 돈을 벌, 스스로에 대한 치열한 동기부여로 이어지기를 도모하는 측면도 있었다.

어차피 아무리 돈을 벌어서 쌓아놓은 들, 세상을 떠날 때는 빈 몸으로 갈 것이라는 생각이 강했다.

그렇다면 이 세상에 태어난 증표와 감사의 뜻을 담아 그동안 신세를 진 사람이나 형편이 어려운 사람, 세상과 사람들을 위해 활동하는 단체에 그 돈을 쓰는 것이 특별히 쓸 데도 없는 자신이 갖고 있는 것보다 훨씬 가치가 있지 않을까 생각했다.

그런데 가진 돈 전부를 멋지게 기부한 것까지는 좋았지만, 정작 일본에서 주식회사를 설립하려고 마음먹었을 때는 통장 잔고가 거의 없어서 자본금 부족으로 애를 먹는 상황에 처하고 말았다.

결국 사람들에게 사정을 설명하고 고개를 숙여가며 돈을 빌려 일단 자본금 천만 엔을 긁어모았다. 미국에서 그토록 원 없이 돈을 벌던 나를 잘 알던 친구들은 "아니, 그렇게 많은 자산을 갖고 있었는데 진짜 지금 돈이 없어?", "가진 돈 전부를 기부했다고? 거짓말하지 마!"라며 좀처럼 믿어주지 않았다.

그러나 내 예상대로, 기부로 사람들에게 도움이 되었다는 자부심과 뿌듯함이 거꾸로 내게 기폭제 역할을 했다. 일본에서 회사를 설립하고 경영 컨설팅으로 신나게 다시 돈을 번 나는 3개월 만에 빌린 돈을 깨끗이 청산했다.

어떻게 겨우 3개월 만에 전액을 갚을 수 있었을까?

이유는 단순했다. 내게 기회를 준 미국과 미국인에게 은혜를 갚았다는 뿌듯함과 "일본에서도 세상과 사람들의 도움이 되는 사업을 해서 마음껏 벌어야겠다."고 결심하고 눈이 휘둥그레질 정도로 '엄청나게 노력했기' 때문이다. 결국 스스로를 치열하게 동기부여한 결과가 나타난 셈이었다.

기부는 강력한 동기부여가 되어 지속적으로 나를 끌어올렸다. 와타미 그룹의 창업자인 와타미 미키는 유한회사 설립에 필요한 자본금 3백만 엔을 마련하기 위해 당시 '지옥의 일'로 불릴 정도로 중노동인 택배 서비스 일을 3백만 엔이 모일 때까지 1년 반이나 계속했다고 한다.

그의 열정에 비하면 당시의 나의 노력은 아무것도 아니었다.

돈.이.당신에게.말하는.것들
:
서른여섯

겸허하고 용감하라

헝그리 정신이라고 하면 사람들은 간혹 오해하는 경향이 있다. 남을 밀치고 짓밟거나, 경우에 따라 속이기도 하면서 뭔가 얻으려는 것이 헝그리 정신이라고 말이다.

심지어는 "헝그리 정신이요? 출세에 눈이 먼 사람 같아 듣기 거북한데요."라고 말하는 사람까지 있다.

하지만 내가 말하는 헝그리 정신은 '겸허한 용기'를 가리킨다.

우리는 원하는 바가 충족되면 헝그리 정신이 금새 희박해진다.

물질적으로나 금전적으로 배고픈 욕망이 있던 사람이 '작은 부자'가 되거나 원하는 것을 수중에 넣으면 그때부터 마음을 놓고 도전 정신은 자취를 감춘다. 안타깝게도 이런 일은 굉장히 흔하게 볼 수 있다.

일본은 2차 대전에서 패망한 후 한동안 먹을 것이 없어 모두가 허덕였다. 마쓰시타 고노스케나 혼다 소이치로, 이부카 마사루 등은 바로 그런 시기에 등장한 헝그리 사업가들이었다.

패전이라는 시대적 배경이 그들에게 헝그리 정신을 불어넣고 미국을 따라잡고자 노력하게 만들었을 것이다.

그렇다면 물질적, 경제적으로 풍요로워진 지금의 환경에서 자란 우리는 이제 헝그리 정신을 갖기는 어려운 것일까?

그것은 외부요인이 아닌 오로지 내부요인, 즉 우리 마음속에 달려 있다고 생각한다.

성공을 거둔 벤처 경영자들이 그것을 증명하고 있다.

스티브 잡스야말로 풍요로운 시대에 혜성처럼 출현한 대표적인 헝그리 마인드의 소유자였다.

"모두 감격할 만한 새로운 사업을 일으켜 세상을 바꾸고 사람들의 삶을 풍요롭게 만들리라."

그는 자신을 버린 친아버지의 사랑에 대한 굶주림을 온전히 세상을 바꾸는 창의성으로 탈바꿈시켰다.

다만 한 가지 꼭 당부하고 싶은 것은 이기적인 헝그리 정신으로는 오랫동안 지속적으로 돈을 벌 수 없다는 사실을 명심하라는 것이다.

세상과 사람들을 위하는 헝그리 정신이 아니면, 세상과 사람들에게 외면당하게 되며 당연히 지지받을 수도 없다. 수없이 강조하지만 어떤 일에 성공해서 지속적으로 돈을 벌고 싶다면 이것을 간과하면 안 된다. 요컨대 돈벌이에서도 마지막에 힘이 되는 것은 결국 인간이라는 말이다.

그래서 헝그리 정신에는 '좋은 헝그리 정신'과 '나쁜 헝그리 정신'이 있다.

'나쁜 헝그리 정신'은 자신만 만족하면 된다는 자기중심적이고 천박한 마음이다. 당연히 사람들은 그런 이와 얽히고 싶어 하지 않는다. '좋은 헝그리 정신'이 아니면 사회적으로도 개인적으로도 불행만 초래한다.

돈 이. 당 신 에 게. 말 하 는. 것 들
:
서른일곱

하나만 하라

돈이 벌릴 것 같다고 이것저것 무턱대고 손대는 일은 절대 금물이다. 전략적 접근이 없으면 제아무리 빌 게이츠가 와도 벌 수 없는 것이 돈이다. 전략이 없으면 밑 빠진 독의 물처럼 당신의 시간과 돈은 아무 흔적도 남기지 않고 빠져나갈 것이다.
그것을 경제학자들은 선택과 집중이라는 말로 표현해놓았다. 다시 말해 여러 아이디어 중에서 무슨 비즈니스를 할 것인지 전략적으로 아이디어를 선택해 비용 대비 효과, 시간 대비 효과, 시장 대비 효과 등의 관점에서 판단하는 것이다.

그리고 하나의 아이디어를 선택하면 오로지 그 비즈니스를 실행하는 데만 집중해 총력전을 펼치라는 것이다. 말 그대로 전쟁이다. 전쟁에 승리하려면 '선택과 집중'은 선택이 아니라 필수가 된다. 선택과 집중에 서툴면 길게 살아남지 못한다.

IBM의 일개 세일즈맨으로 출발해 세계최대 정보처리 서비스 회사인 EDS를 설립해 막대한 부를 쌓은 로스 페로가 어느 날 내게 이렇게 말했다.

"한정된 자금과 인력과 시간 속에서, 바로 이거다 싶은 비즈니스를 선택해 단숨에 집중적으로 실행하는 것이 하이테크화된 글로벌 시장에서의 성공 비결입니다."

일본의 손정의 사장이 사업을 본격적으로 시작하기 전에 수많은 비즈니스 아이디어를 밤을 새워가며 철저하게 검토한 것은 유명한 이야기다. 그는 아직 틈새시장이었던 소프트웨어의 유통업에만 오로지 집중하기로 했고, 그 결과 그것을 엄청난 사업으로 키울 수 있었다.

그는 한 가지에서 완전히 대성공을 거둔 후에만 다른 사업으로

발을 뻗었다.

유통, 출판, 인터넷, 브로드밴드, 휴대전화 등 다양한 관련 사업들은 하나씩 하나씩 순차적으로 확장해 대성공을 거둔 사례들이다. 소프트뱅크 그룹은 그렇게 손정의 사장의 선택과 집중이 돋보이는 빛나는 업적이다.

하루가 다르게 변하는 오늘날의 비즈니스 환경에서 한 가지를 선택해 집중할 수 없다면, 어떤 덩치 큰 기업이나 대부호도 길게 살아남기는 힘들 것이다.

직장인이 돈 버는 힘을 키우는 '선택과 집중'을 하려면 구체적으로 무엇을 어떻게 해야 할까?

본업 외에서 돈을 벌고 싶은 마음에 이것저것, 예를 들면 주식이나 부동산투자, 다단계 비즈니스, 온라인 통신판매 등에 손을 대지만 별 재미를 못 보는 사람들이 대부분이다. 실제로 이렇게 부업을 시작한 직장인 중 대부분이 이익을 내기는커녕 손해를 보고 있다. 하는 것마다 어정쩡한 자세를 취하기 때문이다.

어떤 부업이든, 기본적으로 본업을 가장 열심히 해야 하므로 본업 이상으로 시간과 노력을 투자할 수는 없다.

정히 부업을 해야겠다면, 이것저것 집적거리지 말고 어떤 일로 돈을 벌 것인지 한 가지만 정해서 그 비즈니스를 조사하고 실천하는 데 한정된 시간과 노동력과 자금을 모조리 투입해야 한다. 그럴 의지가 없으면 아예 시작하지도 말라는 말이다.
그렇지 않으면 실패는 불을 보듯 훤하다. 그 이유가 뭘까?
아무리 쉬워 보이는 부업일지라도 어떤 사람은 그 일을 본업 삼아 올인한다. 모든 것을 걸고 덤비는 경쟁자에게, 그것을 부업 정도로 여기는 마음으로는 당해낼 수가 없다. 또 경쟁자가 없는 아르바이트 수준의 일일지라도, 여러 가지 일에 동시에 몸담으면 실력이 올라가지도 않을 뿐더러 새로운 아이디어도 짜낼 수가 없다.

와타미 그룹의 회장 와타미 미키는 언젠가 내게 불쑥 혼잣말처럼 중얼거렸다.
"비즈니스는 먹느냐 먹히느냐의 격투기입니다."
나 역시 그 말에 완전히 동감하는 바다.
그러니 사업을 하고 싶다면 비용 대비 효과, 시간 대비 효과, 시장 대비 효과가 가장 큰 한 가지만을 골라 한정된 시간을 최대한 투여하여 정보를 수집하고 연구하며 실천에 옮겨라.

전혀 돈이 되지 않는 일을 제외하곤, 가볍게 할 수 있는 일은 세상에 없다.

돈.이.당신에게.말하는.것들
:
서른여덟

이기심을 파괴하라

당신이 지금 아무리 돈을 잘 벌고 있어도 재운財運이 없는 사람을 자주 만나면 당신의 재운도 나빠지면서 돈은 점점 달아난다.

이는 나뿐만 아니라 대부호들의 경험을 통해 여러 번 목격한 일이다. 논리적으로 설명하기 어려운 일이지만, 운은 돈을 버는 데 큰 영향을 미친다.

대부호일수록 그런 믿음은 더 강하다.

그래서 나는 재운이 좋은 친구에게 어떤 사람을 소개할 때는 아주 신중하려고 노력한다. 즉 내가 소개할 사람도 재운이 좋은지 철저하게 확인하는 것이다. 그렇지 않으면 그들이 함께 일하게 되었을 때, 본래 재운이 좋은 내 친구까지 손해를 입을 수 있다.

손해만 보는 거라면 그래도 좀 낫다.

혹여라도 친구의 재운 자체가 없어지는 결과가 나타나면 이는 평생 동안 용서받지 못할 일이다. 그만큼 인간은 타인에게 강하게 영향을 받는 존재다.

그러나 정말로 재운이 좋은 사람은 재운이 나쁜 사람을 즉시 간파할 수 있다. 그래서 오랫동안 함께 일하지 않으려고 경계를 한다.

젊은 시절, 나는 그런 암묵적인 돈의 본성이 있음을 전혀 알아채지 못했다.

그래서 아무 생각 없이 재운이 좋은 사람에게도 재운이 없는 사람을 소개해주었고, 결과적으로 재운이 좋은 사람에게 상당한 손실을 끼치고 말았다.

이치를 깨달은 것은 그런 일을 몇 번씩이나 반복하고 나서였다. 나는 그제야 악의는 없었지만 결과적으로 나의 실수였음을 깨닫고 그 후부터는 재운이 좋은 사람에게는 반드시 재운이 좋은 사람만 소개하고 있다.

왜 운이 나쁜 사람과 교류하면 당신의 운도 나빠지는 것일까? 운이 나쁜 사람은 평소에 운이 나빠지는 원인을 쌓으며 산다. 그 나쁜 원인을 공유하게 되어 본래 운이 좋았던 당신의 운마저 나빠지는 것이다.

남을 이용하고 폐를 끼치거나, 자기 하고 싶은 대로만 하며 사는 방식이 바로 운을 망가뜨리는 원인이 된다.

그것을 알아차린 주위 사람들이 그에게 협조하지 않기 때문인데, 상황에 따라 협조는커녕 방해를 하는 등 그의 발목을 잡아당기는 경우도 허다하다.

이미 앞에서도 여러 번 말했지만 무슨 일이든 순조롭게 풀리려면 혼자만의 힘으로는 불가능하다. 주변 사람의 협조와 지원이 필요한 것이다.

운은 주변 사람들이, 정직하게 열심히 노력하는 당신에 대한 존경의 의미로 날라다주는 것이다. 성공한 사람들을 몇 명만 만나보아도 이러한 이치를 쉽게 깨달을 수 있다.

반면, 자기중심적으로 오로지 자신의 욕망에 따라 행동하면 운은 점점 쇠퇴해 최후에는 비참한 상황에 빠지게 된다.

지금 높은 수입을 올리고 있는 사람이든, 이미 부자인 사람이든 이 점을 주의해야 한다. 지금 자신이 자기중심적으로 살고 있지는 않은지 되돌아보라는 말이다. 만약 그렇다면 머지않은 미래에 재운이 쇠퇴해 현재의 풍요로움을 잃게 될지도 모른다. 그러니 돈 문제에 관한 한, 세상과 사람들을 위하는 쪽으로 당신의 삶의 방식을 바꾸어야 한다.

어떤 사람과 함께 행동하는 것은 그 사람을 지지한다는 의미를 담고 있다.

따라서 운이 좋은 사람과 함께 행동하는 것은 당신도 운이 좋아지는 원인을 하나둘 쌓는 행위가 된다. 운이 좋은 사람은 본인도 알아차리지 못하는 경우가 많지만, 세상과 사람들에게 득이 되는 일을 계획하고 도모한다. 세상을 이롭게 하는 존재라 해도 지나치지 않을 것이다.

반면에 운이 나쁜 사람은 대부분의 시간 동안 부정적인 사고를 하며 분위기도 어둡다. 그래서 사소한 문제가 일어나도 큰일로 받아들여 싸움을 벌이거나 포기하고 만다.

아무리 운이 좋은 사람도 끊임없이 부정적인 생각을 하거나 성격이 어두우면 자연히 운이 나빠진다.

사람들이 부정적인 생각을 하거나 어두운 사람과는 어울리고 싶어 하지 않기 때문이다. 그렇게 소외되면 당연히 운이 좋아질 기회와 정보는 당신으로부터 저만치 달아나고 말 것이다.

돈 이. 당 신 에 게. 말 하 는. 것 들

:

서른아홉

아무도 가지 않은 길을 가라

지금 모든 것은 무서운 속도로 변화하고 있다. 비즈니스 환경도 따라가기 버거울 만큼 빠르게 변하고 있다. 이런 세상에서 생존의 갈림길은 변화에 경계선에 존재한다. 세상의 변화보다 더 빨리 자신을 진화시키거나 혁신하지 않으면 존재가치를 잃을 수도 있기 때문이다.

지속적으로 이익을 내는 비즈니스인지 어떤지도 그 지점에서 결정된다. 시장을 선도하는 기업들은 항상 그것을 염두에 둔다. 다음은 어느 부분을 혁신할지 궁리하는 것이다.

하나의 프로젝트가 끝날 때마다 한 가지라도 다음 차례의 혁신을 연구한다면 지속적인 수익을 거둘 가능성은 더 높아진다. 모든 비즈니스의 기본은 동일하니 말이다.

비즈니스 혁신의 가장 중요한 요소는 이해관계자들 모두가 '승자'가 되는 아이디어를 내는 것이다.

바꾸어 말하면 모든 이들이 공감하는 아이디어를 내어 그들로 하여금 흔쾌히 혁신을 받아들이도록 해야 한다. 혁신은 사람을 잘라내는 공포가 아니어야 한다. 새로운 아이디어를 도입하고, 수정하고, 진화시키는 혁신 프로세스를 만들어 안정화되면 사람들은 혁신을 더 쉽게 실천하고 비즈니스는 더 좋은 결과를 빚어낼 것이다.

모두에게 받아들여지는 혁신적 프로세스를 확립할 수 있는 사람은 어떤 일을 해도 돈을 벌 수 있다는 사실을 기억하길 바란다.

한 지인의 이야기를 예로 들어보자.

그는 외식업으로 성공하기 위해 기존의 잉여 인력을 활용한 신규가게 출점과 점포개발 시스템을 만들어 돈을 벌었다. 그리고 그 시스템을 응용해 피부관리실 프랜차이즈 경영으로 대성공을 거두었다.

결국 이익이 나느냐 손해가 나느냐의 여부는 어떤 비즈니스를 하는가의 문제가 아니라, 혁신 프로세스에 달려 있었다. 더 정확히 말하면 그 혁신을 통해서 '사람을 충분히 활용하는 비즈니스 시스템'을 만들 수 있느냐에 달려 있다.

전형적인 예가 헌책방인 북오프다. 창업자 사카모토 다카시는 모든 이가 사양 산업이라 생각했던 헌책방 사업에서 기분이 밝아지는 인테리어와 인력 풀 시스템을 콘셉트로 잡았다. 이 혁신안으로 사업을 시작하자 북오프는 보기 좋게 새로운 시장을 창조했다. 그 결과 회사는 무서운 속도로 성장했고 마침내 상장기업이 되었다.

어느 누가 헌책방 사업으로 수백 개나 되는 체인점을 내고 상장기업이 될 정도로 덩치가 커지리라 예상했겠는가? 아마 사카모토 본인도 적잖이 놀랐을 것이다.

그는 사업을 시작할 때부터 혁신에 무게를 두었다. 단순히 돈을 벌려는 목적이 아니라 시스템을 개선해서 과거에는 불만투성이였던 직원과 고객 모두 만족할 수 있는 시스템을 구축하려

애썼다. 그는 거기서 그치지 않고 만족도를 더 높이기 위해 시스템을 매번 업그레이드시켰다.

그러한 비즈니스를 진심으로 좋아하기에 계속하고 싶었던 것이다. 그것은 시행착오를 거듭하고 갈등하면서 만들어낸 이전에 볼 수 없었던 혁신적인 시스템이었다.

여기서 주시해야 할 점은 정기적으로 직원들의 많은 아이디어를 모아 가장 좋은 안을 채택하는 이른바 '지혜를 한데 모아 최상을 구현하는 프로세스'다.

그는 이 프로세스를 통해 업무를 시스템화하고 진화시켰다.

지속적으로 돈을 버는 사람은 이익을 내는 혁신의 달인이다.

사람을 쳐내는 것을 우선하는 혁신은 사람들에게 고통만 줄 뿐이다.

돈이.당신에게.말하는.것들
:
마흔

더 배우고 더 겸손하라

"저는 문외한인 데다 머리도 나쁩니다. 그러니 저도 이해할 수 있도록 가르쳐주시겠습니까?"

어느 기업매수 건에 대해 이야기할 때 있었던 일이다. 당시 내가 고문으로 일했던 클럽 코퍼 인터내셔널CCI의 로버트 데드먼 회장 겸 최고경영자CEO는 내가 그 기업과 매수 방법에 대해 전체적인 윤곽을 설명하자 그렇게 물었다.

나는 그의 말을 듣고 놀라움에 입이 다물어지지 않았다.

로버트 데드먼이라고 하면 원래 증권법과 기업매수 분야 전문 변호사이며 최고의 프로페셔널이다. 골프장을 매입해 골프장과 리조트 시설 운영을 시작한 지 불과 10년 만에 업계 1위를 달리며 '골프 관련 비즈니스의 IBM'을 만든 '천재 기업가'라는 닉네임이 붙은 사람이기도 하다.

그런 그가 자신은 '문외한이고 머리도 나쁘다'고 말하다니. 나는 순간 머리가 멍해졌다. 그가 모른다면 누가 알겠느냐고 할 정도로 나보다 경험과 지식이 몇십 배나 많고 그 분야에 완전히 정통했으면서 말이다.

당시, 데드먼은 이미 종합병원과 은행을 매수해 사업도 궤도에 올려놓은 상태였다. 기업을 재건하는 사업에도 프로 중의 프로였다.

데드먼과는 그의 생전에 업무상으로, 그리고 개인적으로 15년 가까이 교류했다. 그동안 그는 자신이 손을 댔던 비즈니스를 하나도 빠짐없이 성공시켰다.

대부분 기업 및 부동산 매수 분야였는데, 그 일에 착수할 때마다 그는 회의에서 관계자들에게 이렇게 말했다.

"저는 문외한인 데다 머리도 나빠서 그러니, 좀 쉽게 설명해주시지요."

"이번 일을 계기로 이 사업에 대해 많이 가르쳐주십시오."

솔직히 내가 만났던 경영자나 대부호들 중에서 로버트 데드먼만큼 프로 의식이 강한 데다 머리까지 좋은 사람은 그렇게 많지 않았다. 그는 사람들 눈에 띄는 것을 극도로 꺼려서 회사도 상장하지 않고 가능한 한 표면에 나서지 않으면서 다양한 비즈니스를 전개했다.

또한 데드먼은 부동산과 기업매수 등의 기회가 있을 때마다 해당 업계와 비즈니스에 대해 철저하게 연구해 순식간에 그 분야의 전문가가 되었다. 정말 놀랍고도 본받아야 할 태도였다.

성공한 기업가와 부호들을 만나보면 겸허한 자세로 배우는 것은 그들의 공통점이 아니라 필수조건이라는 생각이 든다.

비즈니스 기회가 왔을 때 "내가 모르는 게 어디 있어?"라거나 "다 알고 있는데 왜 굳이 더 배워야 하나?"라고 말하는 사람은 어김없이 실패하는 것을 몇 번이고 지켜봤다.

그런 태도는 지지하는 사람들을 떠나보내고 적을 만들기 때문인 것 같다.

돈 이 . 당 신 에 게 . 말 하 는 . 것 들

:
마흔하나

나이 들기 전에 고생하라

많은 사람들이 나에게 이렇게 하소연한다.

"돈 때문에 속을 썩고 고생하는 일 좀 없었으면 좋겠어요!"

아마도 오랫동안 컨설턴트 일을 한 사람이니 특별한 충고를 들을 수 있을 거라고 생각하는 모양이다. 그러나 나 역시 돈으로 속을 썩고 고생하는 건 마찬가지다.

물론 당장 먹을 것이 없을 정도로 돈에 시달린 적은 없다. 하지만 미국에서 노숙자 생활을 했을 때 하루에 한 끼, 그것도 맥도

날드의 감자튀김만 먹으며 1년을 버틴 적이 있다. 정말로 고생했던 사람이 보면, 그게 무슨 고생이냐고 말할지도 모르지만 나에게는 무척 힘겨운 생활이었다.

그런데 지나고 생각해보면 젊은 시절에 돈 때문에 크게 고민하고 고생하는 것은 별 문제될 것이 없다는 생각이 든다.

정말 안타까운 것은 나이가 든 사람이 돈 때문에 고생하는 모습을 보았을 때다.

돈 이. 당 신 에 게. 말 하 는. 것 들

마흔둘

지금의 자리에서 꽃을 피워라

효율적으로 돈을 버는 방법을 생각하면 지금의 직장에서 일하는 것이 어리석게 느껴지는 사람도 있을 것이다. 매사가 불합리하거나 비효율적이고 아무리 노력해도 월급이 오르지 않을 때 의욕이 없어지는 것은 당연한 일이다.

그러나 일반적인 생각과는 달리 나는 이직을 반대한다. 지금 있는 곳에서 똑부러지게 일을 하며 앞으로 나아가지 않으면 다음 직장에서도 같은 상황이 반복되어 고민은 또 다시 재현될 것이기 때문이다.

즉, 외부환경을 탓하지 말라는 말이다. 이런 외부요인을 자기 정체의 이유로 내세우는 한, 근본적인 해결책은 좀처럼 나오지 않는다.

당신이 어떤 일로 괴로워하고 힘들어하는 것은 지금까지 차곡차곡 쌓인 원인이 존재한다.

지금까지 있었던 수많은 문제를 분석해보면, 일에서도 인생에서도 언제나 같은 일로 벽에 부딪치고 괴로워했음을 깨닫게 된다. 이처럼 누군가에게 언제나 동일하거나 유사한 문제가 일어나는 것을 '생명의 경향성'이라고 부른다.

당신이 유사한 문제에 항상 유사하게 반응하는 것, 그리고 그것이 원인이 되어 유사한 결과, 즉 동일한 문제를 일으키는 것, 그것이 '생명의 경향성'이다.

그러므로 당신이 유사한 문제로 괴로워하는 것은 일시적으로 지금 있는 곳(직장)에서 도피해 다른 곳(직장)으로 옮긴다 한들, '생명의 경향성'을 변화시키지 않는 한, 같은 일은 다시 되풀이된다. 요컨대 근본적인 '생명의 경향성'을 바꿔버려야만 어딜 가든 같은 일로 괴로워할 일이 없어진다.

그럼 어떻게 하면 당신을 옭아맨 굴레 같은 '생명의 경향성'을 바꿀 수 있을까?

답은 간단하다.

지금 있는 곳에서 한 발자국도 물러나지 말고 할 수 있는 모든 것을 다해 결말을 짓는 것이다.

할 수 있는 모든 것을 다해 결말을 짓는다는 것은 결과가 나올 때까지 온 힘을 다해 주어진 일을 마무리하는 것이다. 승패를 확실하게 가리라는 말이다.

완전히 매듭을 지어버리면 다른 곳으로 옮기더라도 심리적 부담감은 훨씬 감소하며 덤으로 자신감도 얻을 수 있다.

대충이 아니라 온 힘을 다해 부딪히는 것이 중요하다. 지금 있는 당신의 자리에서 일어나는 문제에서 단 한 걸음도 물러나지 마라. 이것이 당신을 조종하는 '생명의 경향성'을 끊는 길이다.

그 자리에서 도망쳐서 좀 더 편안한 방향으로 나아가고자 하는 나약한 '생명의 경향성'을 굴복시키는 것이다.

그야말로 철저하게 부딪혀보았는데도 만족할 만한 결과가 나오지 않는다면, 그 길에는 당신의 사명이 없다는 뜻으로 받아들이고 새로운 길을 찾아나서도 좋을 것이다.

그것을 반복하다보면 마지막에는 당신이 수긍할 수 있는 사명이 있는 길이 보이기 시작한다.

그것만이 당신이 자신의 인생을 스스로 만들어가는 방법이다.

돈이. 당신에게. 말하는. 것들
: 마흔셋

남의 눈으로 자신을 읽어라

돈을 버는 데 재주가 없는 사람들의 공통점 하나가 '자신이 어째서 돈을 벌지 못하는지'를 명확히 모른다는 점이다.

즉, 돈이 벌리지 않는 이유를 철저하게 규명하지 못한다는 말이다. 돈을 못 벌면서 그저 "돈을 못 벌어서 어쩌지?" 한탄만 할 뿐, 아무것도 손을 쓰지 않으니 돈이 벌릴 리가 없다.

당연한 말이지만 '왜 그런 문제가 일어났는가'를 정확하게 파악하는 것이 문제를 해결하는 단서가 된다.

그러므로 진심으로 돈을 벌고 싶다면 다시 출발점으로 돌아가 "왜 지금 나는 돈을 벌지 못하는가?"를 먼저 철저하게 규명해야 한다. 이를 위해서는 당신의 돈에 관련된 현재의 상태를 납득할 수 있는 수준으로 명확하게 파악해야 한다.

"그렇게 숨 막히는 소리 하지 않아도 이건 내 일이니까 내가 잘 알고 있어!"라고 분개하는 사람도 있을 것이다.

그러나 돈을 벌고는 싶은데 현재 그렇지 못한 사람은 분명히 자신과 돈의 관계를 파악하지 못하고 있다. 우선 그 점부터 확실히 해두어야 한다.

만약 당신이 문제점을 숙지하고 있었다면 이미 구체적인 방법을 시도했을 것이다. 통상적으로 행동계획이라고 불리는 구체적인 방법을 실천하려고 사투를 벌였을 터다.

아무것도 손을 쓰지 않았다는 것 자체가 돈과 관계된 일에 무엇을 어떻게 해야 할지 몰랐다는 증거다. 돈을 벌기 위한 구체적인 목표를 떠올리지도, 행동계획을 세우지도 못했던 것이다. 이대로는 10년이 지나도 허송세월일 뿐이다.

일은 전쟁이고 직장은 도장道場이다. 한 발짝만 밖으로 나가면 그곳은 전쟁터다. 당신이 아무리 멀리 도망을 쳐도, 거기에서는 여전히 사투가 벌어지고 있다. 당신은 거기서 벗어났다고 착각할 따름이다. 정말 도망치고 싶다면 먼저 돈을 벌고 도망쳐라. 정당한 방법으로 말이다.

문제가 명확해지면 그 후에는 해결책을 실행해야 한다.

어떻게 하면 수입을 늘릴 수 있을지 생각해보라. 수입을 늘리기 위해 시간과 노력을 들이고, 경우에 따라서는 선행투자를 해야 한다.

그런 노력 없이 수입을 늘리고 싶다는 생각만으론 쉽게 수입이 늘어나지 않을 것이다.

'인과의 법칙'에 따라 수입을 늘리려고 애쓴 사람, 수입이 증가할 만한 원인을 쌓은 사람만이 수입이 늘어나게 되어 있다.

구체적인 수치를 가지면 그렇지 않을 때보다 행동계획도 좀 더 구체적으로 세울 수 있다.

내가 돈을 잘 벌지 못하던 시절을 떠올려보면, 이 구체적인 수치가 없었기 때문이었다.

돈 이. 당 신 에 게. 말 하 는. 것 들

마흔넷

당당하게 선언하라

목표를 사람들 앞에서 당당하게 선언하면, 스스로 거기에 책임을 느끼게 된다. 책임을 느끼는 사람과 책임감이 없는 사람의 행동은 상당한 차이를 낳는다. 책임감을 지닌 사람의 행동은 훨씬 사려 깊고 절박하며 간절하다.

당당하게 선언하고 행동하려면 먼저 목표를 자신 있게 말해야 한다. 그것은 스스로를 격려하는 자기암시이기도 하다.

당당한 선언은 '버티는 힘'도 더 키워준다.

당당하게 선언하는 당신을 보면 사람들은 이전보다 더 신뢰하고 더 따르고 싶어진다. 당당하게 행동하는 사람에게 사람들은 호감을 느낀다.

당신의 당당함에 주변 사람들뿐만 아니라, 처음 만난 사람도 긍정적인 자세와 리더십에 매료될 수 있다. 당신과 함께 일하고 싶고 당신의 목표달성 과정을 즐겁게 지켜보고 싶어 한다. 그것은 인간으로서, 또 리더로서 사람들의 마음속에 들어간다는 뜻이다. 당신의 팬이 되고 싶은 사람도 나타날 것이다.

믿기지 않는다면 치밀하게 계획을 세워 즉시 선언해보라. 사람들의 평가가 놀라울 정도로 달라질 것이다.

당당하게 선언했지만, 때로는 막히고 때로는 실패한다.

막히거나 실패했다면 다시 당당하게 목표와 행동을 바로잡아라. 그런 모습을 옆에서 지켜보면 기분이 좋다는 이유로 오히려 더 호감을 느끼게 된다.

내 인생을 돌이켜보면 공부를 잘하지도, 능력이 출중하지도, 재능이 탁월하지도 않았다. 하지만 결과적으로 경영자로서, 경영컨설턴트로서, 작가로서 수많은 사람의 응원과 지지를 받았다. 나의 자신감과 당당함에 그들은 매력을 느꼈을 것이다.

사업에서 막다른 골목에 몰리면 반드시 도와주는 사람이 나타났다. 긍정적이고 당당하게 행동하는 나를 보고 '당신에게 승부를 걸어보겠소'라는 생각에 응원해준 것이 아닐까 추측한다. 사람들은 당당하고 자신 있게 실천하는 사람을 좋아한다. 응원을 많이 받을수록 궁지에 몰려도 그 은혜에 보답하고자 포기하지 않고 지속하는 힘이 생긴다. 그것은 틀림없는 성공의 공식인 것 같다.

돈 이. 당 신 에 게. 말 하 는. 것 들
:
마흔다섯

마음을 사라

아무리 돈을 많이 버는 컨설턴트일지라도 상대 실무자와 인간관계가 매끄럽지 못하면 일이 제대로 진행되지 않는다. 진행되기는커녕 얼마 안 가 컨설팅이 깨지는 경우도 많다.

나도 인간관계가 매끄럽지 않아 150억 달러 규모의 반도체 컨설팅이 물거품이 되었던 적이 있다. 또 다른 컨설팅에서는 마지막에 싸움이 벌어져 법정투쟁까지 간 적도 있다.

컨설팅에서 중요한 점은 상대의 기분이 좋고 싫은지에 따라 프로젝트의 진행여부가 결정된다는 사실이다. '감정의 동물'인 인간을 상대로 하는 장사가 컨설팅이다.

상대와 성격이 맞지 않거나 불쾌감을 주면, 아무리 이익이 보이는 이야기가 있어도 거래가 성립되지 않았다.

어떤 사람과도 매끄럽게 소통하고 신뢰를 쌓을 수 있는 능력, 즉 인간관계 매니지먼트 능력이 없으면 돈을 벌 수 없다.

인간관계 매니지먼트 능력을 키우는 첫 번째 요소는 어떤 사람과도 성심성의껏 대화하는 것이다.

매끄러운 화술이 없어도 상관없다. 먼저 상대의 말을 열심히 경청하라. 자신의 말을 진지하게 들어주는 사람에게 불쾌감을 느끼는 사람은 없다. 신뢰감을 주면 아무리 굳게 닫힌 마음도 열리게 되어 있다.

돈 이 . 당 신 에 게 . 말 하 는 . 것 들
:
마흔여섯

달인이 되라

돈이 벌리지 않는다고 한탄하는 사람은 자신의 비즈니스에 온전히 자신을 쏟아붓지 못했기 때문이다. 바꾸어 말하자면 달인이 되지 못할 정도로밖에 노력하지 않았고, 아이디어를 내지 않은 것이다. 그런 정도로 돈을 벌 수 있다면 모든 사람들이 아무 어려움 없이 돈을 벌 수 있을 것이다.

컨설팅회사에 샐러리맨으로 근무하면서 취미 삼아 벤처기업의 자금조달을 도운 적이 있다. 하지만 첫 1년 동안 그 일로는 한 푼도 벌지 못했다.

그때 나와 같은 일을 하는 동료가 있었는데, 본업인 세무신고 업무로 분주해 보였다. 나는 그도 당연히 수입이 거의 없을 거라고 멋대로 생각했다. 그런데 어느 날 갑자기 그가 회사를 그만두었다.

몇 달이 지난 어느 날, 근처 레스토랑에서 그와 우연히 마주쳤을 때 나는 그가 왜 회사를 그만두었는지 물었다. 그리고 그의 대답에 충격을 받고말았다.

"아아, 사람 살리는 셈 치고 취미로 벤처기업을 도와줬는데 말이지. 그 벤처기업의 자금조달 지원서비스로 매년 5천만 엔(한화 약 6억 5천만 원) 이상을 벌 수 있게 되어서 더 이상 샐러리맨을 계속할 필요가 없어졌어. 자네도 해보면 어떻겠나? 적은 시간에도 꽤 많이 벌 수 있어!"

사실은 나도 같은 일을 부업으로 하고 있다는 말이 도저히 나오지 않았다. 나는 한 푼도 벌지 못했기 때문이다.

그의 충고에 따라 나는 그 일을 연구하고 또 연구했다. 그 분야의 책을 독파하고 관련 세미나와 강연회에 참석해 성공한 사람들의 방식을 따라하고, 그들의 장점을 공부했다. 그리곤 마침내 100페이지나 되는 가이드북을 만들 수 있을 정도로 실력이 붙었다. 나는 즉시 가이드북을 한참 성장 중인 벤처기업 몇 군데를 선정해 보내보았다.

그랬더니 놀라운 일이 일어났다!

벤처기업으로부터 자금조달 지원서비스를 맡아달라는 의뢰가 쇄도한 것이다. 그때 나는 본업이 있었기에 평일 밤이나 주말, 휴일밖에 일하지 못했지만, 벤처기업에는 휴일 따윈 존재하지도 않았다.

문득 정신을 차려보니 나는 그의 말대로 그 부업에서 연간 1억 엔(한화 약 13억 원) 이상을 벌고 있었다. 그리곤 나도 회사를 그만두고 그 일을 본업으로 삼게 되었다.

돈을 잘 버는 친구들도 같은 말을 한다. 일을 하려면 그 분야의 달인이 되라는 것이다.

돈 이. 당 신 에 게. 말 하 는. 것 들

마흔일곱

인생의 목적을 잊지 마라

돈을 열심히 버는 것 자체는 자본주의 사회에서 중요하고 높이 평가받아야 하는 일이다.

다만 해선 안 되는 일이 있는데, 바로 주위를 배려하지 않고 오로지 돈벌이에만 매달리는 태도다. 그런 태도로 일을 하면 인간적 본성을 잃게 될 뿐 아니라, 당신의 가장 중요한 가치관에 오직 돈이 자리 잡는다. 돈벌이가 인생의 최우선 순위가 된다.

생각해보라. 세상에는 돈이나 돈벌이보다도 훨씬 더 소중한 것이 많이 있다. 돈에 지나치게 마음이 치우치면 세상은 당신을 외면하고 만다.

돈은 어디까지나 생활을 위한 도구다. 그런데 그 도구를 목적으로 삼는다면 그것이야말로 비극이다. 그 때문에 사랑이나 우정, 신뢰 등 돈으로 살 수 없는 것을 잃게 될지도 모른다.

다른 사람들 눈에 당신은 '돈에만 눈이 먼 사람'으로 비칠 테니 말이다.

돈 만능주의와 돈을 소중히 여기는 태도는 완전히 다르다.

돈을 소중히 여기는 태도는 꼭 지녀야 하지만, 돈 만능주의가 되어선 안 된다.

돈 만능주의로는 살 수 없는 소중한 것, 한 번 잃으면 두 번 다시 돌아오지 않는 것들을 잃게 된다. 그러면 설령 일시적으로 돈을 벌었더라도 결과적으로는 자신과 다른 사람들을 불행하게 만들 뿐이다.

나의 지인 중에서도 그런 사람이 있다. 그는 40대에 부자가 되었다.

그는 돈이 벌리는 일이 아니면, 그리고 자신에게 이익이 되는 일이 아니면 아무리 사회적으로 중요한 일이라도 관심이 없었고 그런 이야기를 듣는 것조차 거부했다.

그가 돈이 없었던 시절에도 돈 만능주의였던 것은 아니다.

그때는 돈이 되지 않은 일도, 사랑과 우정과 신뢰를 위해서 기꺼이 자처했었다. 돈이 없으면 없는 대로 타인을 격려하고 응원하던 사람이었다.

그런데 회사 상장에 성공하고 큰돈이 들어오자 돈을 더 많이 벌고 싶다는 탐욕이 생겼는지 그의 가치관은 돌변했고 나중에는 인성마저 변화되고 말았다.

"돈이 없는 인간하고 만나서 뭐하나!"

"돈을 못 버는 인간은 인간으로서의 가치가 없어!"

이런 말을 당당한 얼굴로 공언하고 다녔다.

그 결과 본인은 알아차리지 못했지만 사업 관련 거래처를 제외한 거의 모든 사람들, 특히 친한 친구들은 그로부터 하나둘 떠나갔다. 회사 직원들도 업무 관련 이야기를 할 뿐 인간적인 관계를 맺으려 하지 않았다.

결국 그의 주위에는 웃음이 없는 사람들만 남게 되었다. 돈은 있지만 마음이 통하지 않는 불행한 사람들만이 그에게 남아 있었다.

그로 인해 운도 점점 나빠지더니 종국에는 회사도 도산했다.

'돈에 눈이 먼 사람'이 된 그를 마지막에는 아무도 돌아보지 않았던 것이다.

여태까지 돈을 어떻게 벌 것인지 실컷 말하다가 갑자기 왜 이런 말을 하는지 이해가 가지 않는가?

무슨 일을 하든, '무엇을 위해 하는가'라는 목적의식을 강조하고 싶기 때문이다.

우리 인생의 목적의 자리에는 공헌, 신뢰, 사랑, 우정 등이 자리해야 한다. 돈이 중요하지만 돈이 궁극적인 목적은 아니어야 한다. 그랬을 때, 돈을 아무리 많이 벌어도 사람은 변하지 않을 수 있기 때문이다.

돈 이. 당신 에 게. 말 하 는. 것 들

:

마흔여덟

임종의 순간처럼 오늘을 살아라

우리 모두는 한가롭고 평온한 삶을 원한다. 우리는 언젠가는 죽음을 맞이할 것이다. 오래 살려고 노력해도 100년을 채우기가 힘들다.

사람에 따라서는 정말 짧은 인생을 보내야 하는 사람도 있다. 지금 이 책을 읽고 있는 사람들 중에는 내일 이 세상을 떠나야 할 사람이 있을지도 모른다.

이렇게 말하는 나부터 내일은 살아 있지 않을지도 모른다.

나는 하루가 그 사람의 인생이라고 생각한다. 아침에 눈뜰 때가 생이 주어지는 순간, 그리고 밤에 잠이 들 때가 마지막 임종의 순간이다.

우리는 하루하루 생과 사를 반복하고 있다. 이렇게 생각하면 내일이란 존재하지 않는다. 오직 오늘 하루가 인생의 전부일 뿐이다.

단 하루밖에 없으므로 진지하게 살 수 있을지도 모른다.

사는 것의 의미와 본질을 알려고 하며, 시간을 소중하게 쓰는 것이다.

많은 사람들의 죽음을 지켜본 미국의 한 간호사는 텔레비전에 출연해 이런 말을 했다.

"사람은 인생의 마지막 순간에 자신의 인생에서 일어났던 일들이 마치 영화 장면처럼 한꺼번에 떠오른다더군요. 그런데 그 내용은 자신이 사장이 되었다거나 사업이 잘 풀렸다거나 하는 일들이 아니라, 자신이 어떤 식으로 살아왔는지, 누구를 얼마나 사랑했는지, 다른 사람에게 상냥하게 대했는지 아니면 차갑게 대했는지, 자신의 신념을 관철한 만족감이나 배신당한 상처, 그런 '인간으로서'의 모습들이 물밀 듯이 밀려온다고 하더군요. 그 물결에서 절대로 도망칠 수 없다는 거지요. '인간으로서'의 최종결산, 그것이 '죽음'이라고 생각해요."

결국 마지막에 남는 것은 돈이 아닌 인간이라는 말이다. 그것은 무엇을 위해서 사느냐는 물음이기도 하다.

오늘 하루밖에 살지 못한다면 당신은 어떻게 하겠는가?

남을 속여서라도 돈을 벌고 싶을까?

충분히 가진 것보다 더 갖기 위해 탐욕을 부릴까?

결코 그렇지는 않을 것이다.

가장 최선의 마무리를 하고 싶을 테고, 그동안 신세진 사람들에게 진심으로 고마움과 사랑을 표현하고 싶을 것이다. 얼마 남지 않은 짧은 시간을 소중하게 여기면서 말이다.

그런 마음을 그대로 간직한 채 앞으로도 오래 살 수 있다면 어떨까?

번 돈을 더 현명하게 쓰고, 어느 후미진 곳에서 고통 받는 사람들을 위해 자선을 베풀지도 모른다.

운 좋게도 내가 만난 미국의 대부호들은 매일매일 임종의 순간처럼 살고 있었다. 마치 내일은 없다는 듯이 말이다. 농담을 즐겨 하지만 사실은 놀라울 정도로 진지하고 정직하게 사는 마음을 지니고 있었다.

일일일생一日一生,

오늘 하루가 당신의 전부인 것처럼 살아라.

돈 이. 당 신 에 게. 말 하 는. 것 들
:
마흔아홉

투자하려면 사람을 보라

뛰어난 비즈니스 모델이나 기술이라는 것만을 믿고 경영자의 인간성을 판단하지도 않고 돈을 투자하는 사람들이 있다.
거의 대부분의 사람들이 그렇게 하지만 이는 대단히 위험한 행동이다.
나는 미국에서 미국인 파트너와 함께 신흥 벤처기업을 상대로 투자 사업을 벌인 적이 있다.
우리는 펀드(투자사업조합)를 조성해 4회에 나누어 개인투자가를 중심으로 세계에서 자금을 끌어모았다. 그렇게 해서 모은 돈은 약 50억 달러(한화 약 5조 5천억 원). 우리는 목표금액이 모이자 적극적으로 투자에 들어갔다.

그때까지 투자 사업을 하고 있는 경영자를 대상으로 컨설팅을 한 적은 있었지만, 스스로 투자 사업을 하는 것은 처음이었다. 그래서 최종적으로 어떤 관점에서 투자를 결정하면 좋을지 망설이고 또 망설였다.

이 사업을 시작했을 무렵에는 내게 들어오는 벤처기업의 투자 모델이 전부 유망해 보였다. 그렇지만 당시 업계 평균으로 볼 때 성공할 수 있는 기업은 100사 중 3사 정도에 불과했다.

이왕 투자를 한다면 해당 기업이 급성장하여 기업 가치를 높여야 한다.

그래서 비즈니스 모델이나 기술력이 뛰어난 기업만 고르고 골라 투자했다. 차세대의 애플, 마이크로소프트, 야후가 되기를 바라며 우리는 꿈에 부풀었다.

그런데 예상을 뒤엎고 우리가 투자한 회사가 하나둘씩 도산하기 시작했다. 그것도 눈 깜짝할 사이에 말이다.

"그토록 비즈니스 모델과 기술이 획기적이고 뛰어났는데 왜 이러지?"

투자한 기업이 망할 때마다 속절없이 자문자답만을 되풀이하는 상황이었다.

우리가 투자한 기업들이 실패를 거듭하자, 당시 미국 유수의 벤처 캐피털리스트인 벤 로젠과 조지 코즈메스키에게 조언을 구하려고 나는 직접 그들을 찾아갔다. 로젠은 컴팩 컴퓨터 사(현 HP)의 창업에 필요한 자금을 출자해 당초의 비즈니스 모델까지 바꾸게 하고 회장으로서도 경영 수완을 발휘한 프로 중의 프로였다.

또, 코즈메스키는 델 컴퓨터의 창업 투자가이자 수많은 벤처기업 창업에 출자하고 대성공을 거두어 미국 유수의 자산가가 된 사람이다. 사실 그의 본업은 투자가 아니라 비즈니스 교육이었다고 한다. 하버드 대학 경영대학원에서 교수로서, 또한 텍사스 대학 경영대학원에서 경영학부장 겸 교수로서 기업가 육성에 열정을 쏟아부으며 만년을 보냈다.

로젠과 코즈메스키와는 미국의 한 벤처 투자 세미나에서 함께 강의를 하며 처음으로 만났다.

두 사람은 투자가의 관점에서 강연을 했고, 나는 '국제경영 컨설턴트'로서 벤처기업의 해외진출 전략이란 테마로 강의를 했었다. 그 뒤, 나는 낯 두껍게도 벤처투자가 벽에 부딪치자 그들의 조언을 구하러 간 것이다.

내 이야기를 들은 두 사람은 완전히 동일한 내용을 지적했다.

"네이트(나의 미국 이름), 자네는 비즈니스 모델이나 기술만 평가하고 투자하니까 실패하는 거야. 그보다는 경영자의 인간성을 봐야지. 어차피 비즈니스 모델이나 기술 따위는 얼마 안 가서 진부화하고 계획대로 진행되지도 않는다네. 중요한 점은 사업의 중심인물, 즉 경영자가 관계자(투자가, 직원, 고객, 거래처 등)에게 얼마나 성실한지 여부라네. 그게 전부라고 해도 과언이 아니라고 생각하네."

그들의 기준은 그대로 적중했다.

우리는 그날 이후 투자 대상자를 선정할 때 경영자의 도덕성과 인간성을 낱낱이 조사했다. 정말 더 이상 캐낼 수 없을 때까지 파고들었던 것 같다.

심지어 도덕성과 인간성 면에서 거의 완벽하다고 판단해 다음 날 투자를 실행할 대상자의 마지막 데이터를 보고 투자를 단념한 적도 있다. 그는 모든 것이 완벽해보였지만, 자기 전처와의 이혼 후, 전처에 대한 생활보조금 지불을 석 달씩이나 미뤄오고 있는 사람이었다. 뭐 대수롭지 않게 넘길 수도 있었지만, 우리는 깨끗하게 단념했다.

그렇게 심혈을 기울여(정말 심혈을 기울였다는 표현이 딱 맞다) 투자를 지속한 결과, 우리 투자처 17개 기업 중 12개 기업이 상장을 하거나 고가에 매각할 만큼 성장을 이루었다. 기업평가(시가총액)도 평균 5배 이상으로 커졌으니 그야말로 대성공을 거둔 투자가 아닐 수 없었다.

15년이 흐른 지금도 기업을 평가할 때는 로젠과 코즈메스키의 말을 떠올리곤 한다.

"투자를 할 때는 그 기업 경영자의 인간성을 보라."

돈 이. 당 신 에 게. 말 하 는. 것 들
:
쉰

실적으로 평가하라

"성공하면 대박이 날 텐데 투자하시죠."
"금방 2배로 돌려드릴 테니까 좀 빌려주세요."
이런 권유를 받은 적은 없는가?
크든 작든 투자활동을 해온 사람이라면 아마도 거의 모두가 한 번쯤 이런 달콤한 이야기를 들은 적이 있을 것이다. 이유는 모르지만 나는 빈번하게 이런 이야기를 듣는다. 내 직업상의 이유도 있을 것이다.

그런 종류의 투자나 융자 이야기를 듣고 있노라면 그야말로 한 방에 엄청난 돈을 벌 수 있을 것만 같다. 그러나 생각해보자. 이렇게 듣기 좋은 이야기가 왜 하필 당신에게 굴러들어왔을까?

그 사람과 당신은 그다지 특별한 사이가 아닐 것이다.

그 사람과 당신이 엄청나게 친밀한 사이거나, 예전에 당신에게 큰 도움을 받은 적이 있어서 상대가 당신에게 은혜를 갚고 싶어 하는 경우가 아니라면 그런 달콤한 이야기는 사실일 리가 없다.

그다지 친하지도 않은 당신에게 그런 제안을 한다는 것은, 그가 당신에 대한 책임감을 갖고 있지 않기 때문이다. 상대는 이미 자기 주변의 모든 사람에게 제안했는데도 모두 거절당했다는 이야기일 수도 있다.

그래서 조금이라도 가능성이 있을 만한 사람만 보면 서슴없이 그런 이야기를 한다. 당신은 아마 그에게 몇 십 번째에 해당하는 마케팅 상대일지도 모른다.

즉, 그렇게 상식에 벗어난 황홀한 이야기에 다른 사람은 넘어가지 않았던 것이다. 그러니 만에 하나 그런 사람을 만나면 적당히 이야기를 들어주고 지금은 여유가 없다고 정중히 거절하면 된다.

이럴 때 정말로 그것이 가능성 있는 이야기인지 단번에 파악할 방법이 있다. 그가 지금까지 어떤 실적을 냈고 현재 무엇을 하고 있는지 보면 된다.

만약 그가 여태까지 별 소득이 없었고, 지금도 비즈니스에서 지지부진한 상태를 면치 못하고 있다면 앞으로도 일이 잘 풀리지 않을 확률은 거의 100퍼센트라고 봐도 무방하다.

사업이나 회사, 조직을 올바르게 평가하는 것은 어쩌면 너무 간단하다.

리더, 즉 경영자의 과거 실적과 현재의 상태를 파악하면 된다. 그것만으로도 앞으로 수익을 낼지 어떨지 여부를 금세 파악할 수 있다. 설령 지금 하고 있는 일에서 아직 좋은 결과를 내고 있지 못해도, 그 리더가 과거에 해온 일과 프로젝트에서 공인된 실적을 쌓은 사람이라면 앞으로의 성공도 충분히 가늠해볼 수 있다.

과거에 제대로 성과를 내지 못했는데 앞으로 갑자기 잘할 수 있는 사람은 매우 드물다.

미래에 갑자기 잘할 수 있게 되려면 과거에 했던 일이나 현재하고 있는 일에서 어떤 형태로든, 즉 작든 크든 성과를 낸 경험이 있는 사람이어야 한다.

과거와 현재에서 어떤 성과도 내지 못한 사람은 앞으로도 성과를 낼 수 없다는 것이 나의 지론이다. 부디 그런 사람의 말에 현혹되지 말기 바란다.

사실 실적이 없는 사람이 타인의 돈을 이용해 사업이나 프로젝트를 추진하려는 것 자체가 잘못된 일이다. 남의 돈을 받아 그 사람들 몫까지 돈을 번다는 것은 평범한 재능이나 노력으로는 거의 불가능한 일이다.

다른 사람에게 의존하기 전에 먼저 스스로 위험을 감수하고, 사소해도 실적을 만들어본 사람만이 미래에도 실적을 낼 수 있다. 타인의 돈에 기대어 일하는 것은 그 뒤에 해도 충분하다. 그렇지 않으면 결과적으로 수많은 희생자를 낼 뿐이다.

이는 돈을 투자하는 원칙이기도 하지만, 반대로 당신이 어떤 사업이나 프로젝트를 시작할 때도 마찬가지다. 당신이 가진 자금만으로는 부족해서 타인에게 출자를 의뢰하는 경우 말이다.

돈을 투자받고 싶다면 먼저 신뢰받을 만한 실적부터 쌓아 보여주어라.

그리고 아직 실적은 없는데 반드시 지금 사업을 시작해야겠다면 실적이 있는 도덕적인 사람과 함께 하라. 그 사람과 같이 할 수 있을지는 당신의 신용과 열정에 달려 있다.

에필로그

돈보다 중요한 '상황 혁명'

돈이 없으면 단 한 발짝도 움직이기가 힘든 시대다. 돈이 거의 모든 것을 좌우하고 결정짓는 시대가 되어버린 것이다.

그토록 돈의 힘이 거세지만, 그것 못지않게 돈의 폐해도 맹렬하다. 돈의 폐해는 대부분 인간의 탐욕에서 나온다.

돈 많은 부모는 자식의 요구를 돈으로 해결한다. 돈 많은 부호는 자신의 욕망을 돈으로 충족시킨다. 돈을 통한 해결법은 어떤 수단보다도 빠르고 강력하다. 그래서 돈 많은 사람들은 세상에 돈으로 불가능한 것은 없다고 감히 말한다.

누가 됐든 이들을 비난만 하고 있을 순 없다. 우리 자신 역시 돈을 벌기 전과 돈을 번 후의 모습이 일관되리라고는 장담할 수 없기 때문이다.

돈이 없을 때는 돈 많은 부자의 행실에서 조금이라도 결점을 확인하면 비난의 화살을 퍼붓다가, 정작 자신이 부자가 되면 '이제 나도 기 좀 펴고 살아보자.'는 보상 심리에서 예기치 않은 우를 범할 수 있는 것이 인간이다.

원래 돈을 버는 목적은 생활을 풍족하게 만들기 위해서만은 아니었다.

돈은 물자의 교환과 거래를 돕기 위해 생긴 쇳덩어리와 종이 부스러기에 지나지 않았다. 그런 돈에 가치라는 개념이 더해지면서 상상하기 어려울 정도의 측정 수단이 되고 말았다.

돈이 원래 가진 목적, 그러니까 거래와 교환이라는 본래 목적에 충실하면 인간의 본성도 되돌릴 수가 있다는 것이 나의 주장이다.

사랑, 우정, 가족, 정의, 평등 같은 인간의 숭고한 가치들은 우리가 돈의 목적을 원래의 자리로 되돌릴 때 다시 찾을 수 있는 것들이다.

그러기 위해서 나는, 자본주의 시대를 사는 모든 현대인에게 '상황 혁명'이 필요하다고 본다.

즉, 돈을 벌되 인간 본연의 가치관은 항상 지키고 유지하자는 것이다. 이것은 개인적인 차원에서는 인격의 일관성이라 말할 수 있을 것이고, 사회적 차원에서는 자본의 도덕성이라 말할 수 있을 것이다.

이것은 허세나 탐욕, 강탈이나 속임수와는 완전히 반대의 개념이다.

그래야만 돈을 벌수록 오히려 남을 희생시키는 약탈적 자본주의의 폐해를 조금이라도 줄일 수 있을 것 같다.

그것은 오늘날 세계사의 흐름에도 부합되어 보인다. 이기적 자본주의는 점점 설 땅을 잃어가고 있기 때문이다.

돈은 오늘을 사는 우리에게 필요한 존재임에는 분명하다. 다만 거기에 탐욕을 덧칠하지 않을 때 자신의 가치는 더 커진다는 교훈을 잊지 말기 바란다.

집념을 가지고 돈을 버는 데 몰입하되, 성숙한 인간미를 지니고 키우는 것, 그것이 지금 돈이 당신에게 말하는 것들이다.